SEE IT
and SAY IT
in SPANISH

by

Margarita Madrigal

A SIGNET BOOK from
NEW AMERICAN LIBRARY
TIMES MIRROR

Published as a SIGNET BOOK
by arrangement with Latin American Institute Press, Inc.,
who have authorized this softcover edition.

SIGNET TRADEMARK REG. U.S. PAT. OFF. AND FOREIGN COUNTRIES
REGISTERED TRADEMARK—MARCA REGISTRADA
HECHO EN CHICAGO, U.S.A.

SIGNET, SIGNET CLASSICS, MENTOR, PLUME AND MERIDIAN BOOKS
are published by The New American Library, Inc.,
1301 Avenue of the Americas, New York, New York 10019

FIRST PRINTING, OCTOBER, 1961

15 16 17 18 19 20 21 22 23

PUBLISHED IN THE UNITED STATES OF AMERICA

PREFACE

It is so easy for an English-speaking person to learn Spanish. Through Latin, both languages stem from a common root and share "a lingual ancestry." Indeed, there are so many similarities between the two languages that some people describe them as "language cousins." Thousands of words in Spanish are similar to or identical with their English equivalents; and a great many words sound almost alike. Then, too, Spanish pronunciation is easier. It is straightforward, without any of the "exceptions" that occur in English.

The approach here is **progressive.** From the very beginning, the student is on familiar ground. Many words that are in common use in both languages, that look and sound alike, and that relate to ordinary, everyday situations are used. On so firm a beginning, the student can, with confidence, proceed to more complex sentences. With every step forward he can add to his vocabulary and develop his verbal facility.

Anyone who has ever tried to learn a language by the laborious route of memorizing complex grammar rules, and has had to struggle with the numerous exceptions to these rules, will be pleasantly surprised at how easy it is to learn Spanish with the method used in this book.

Nothing, of course, is done without effort. Nevertheless, with the help of a few simple steps conscientiously followed, learning Spanish can be a pleasure. The method here followed makes the student **want** to learn. Before he has gone very far, before he is even aware of it, he will be **speaking** Spanish. And he will love it.

A unique feature of this book is that each page contains one lesson by itself. Physically, this arrangement makes it easier to work with and to use the book. From the teaching and learning point of view, it is an arrangement that presents each lesson as a separate and complete unit, allowing for quicker and more direct reference.

A Few Suggestions

For the Student—The words and phrases that head each lesson are those to be studied in that lesson. Familiarize yourself with them. When you think you know them, read the rest of the lesson and study it.

The small drawings are there to make studying easier for you. With their help you can avoid doing difficult exercises and frustrating drills. You will be able to understand every word as you go along. If, however, you are in doubt as to the meaning of a word, consult the vocabulary at the end of the book.

The fact that each lesson is on a separate page should be very helpful to you in your studies. Take full advantage of this. At first, there will be a natural tendency for you to "begin at the beginning" and follow through with the lessons in regular order.

After a while, however, you will discover that the arrangement of a separate page for each lesson gives you another way of studying. You will find that you don't necessarily have to start with the first lesson and follow through in sequence. You can start wherever you wish. You can shift back and forth among the lessons; you can go on to a new lesson when you feel ready for it; you can study several lessons simultaneously, and you can keep on reviewing what you have learned, at your own convenience.

For the Teacher—The most important aim of this book is to provide you with a book that will "help you to help your students" master Spanish.

The lessons are so presented that they can be easily adapted for dialogue teaching. You ask the questions and the student will be able to answer them.

As a teacher, you too will find "a lesson a page" a great convenience. This arrangement will help you to plan your lessons in the classroom, to assign homework and to devise tests as you go along.

The grammar section at the end of the book provides a useful list of verbs and exercises. You will find them handy in extending the scope of your teaching.

For Everybody—This book includes a traveler's word list and a pronunciation guide. If you happen to be planning a trip to Latin America or Spain take advantage of these.

Learn Spanish with this book. Now turn to the first lesson and start speaking in Spanish.

CONTENTS

PRONUNCIATION GUIDE

A   as the A in **star**.

E   as the E in **test**.

I   as the I in **machine**.

O   as the O in **obey**.

U   as the OO in **spool**.

B   as the B in **best**. But a letter B between vowels is pronounced very softly.

C   before A, O, U is pronounced K.

C   before E or I is pronounced S. (In Spain it is pronounced TH as in **think**.)

CC   is pronounced X as in **accent**. (In Spain it is pronounced KTH.)

CH   as the CH in **chin**.

D   as the D in **dot**. However, when the D is the last letter of a word or when it appears between vowels it is pronounced as a soft TH.

G   before A, O, U is pronounced as in **go**.

G   before E or I is pronounced H as in **hat**.

H   is always silent.

J   is H as in **hat**.

L   is L as in **light**.

LL   is Y as in **year**.

Ñ   is pronounced NY as in **canyon**.

R   The letter R is trilled.

RR   The RR is strongly trilled.

T   is pronounced TT as in **attend**.

Y   as in **year**. But when the Y stands alone it is pronounced EE as in **need**.

Z   is S as in **so**. (In Spain it is pronounced TH as in **think**.)

GUE   is GUE as in **guess**.

GUI   is GEE as in **geese**.

QUE   is KE as in **kettle**.

QUI   is KEE as in **keel**.

The letters which are not listed above are pronounced as they are in English with very slight variations.

¿ VA UD

voy, I'm going **al, to the**

Voy al hotel.

Voy al banco.

Voy al garage.

Voy al restaurante.

UD
¿Va? Are you going?

¿Va al hotel? *Are you going to the hotel?*

¿Va al banco? *Are you going to the bank?*

¿Va al garage? *Are you going to the garage?*

¿Va al restaurante? *Are you going to the restaurant?*

NOTE: In Spanish you generally drop subject pronouns: I, you, we, they, etc.

9

No voy al club.

No voy al teatro.

No voy al cine.

No voy al parque.

Voy, I'm going
Va, you are going
Vamos, we are going
Van, they are going

No voy, I'm not going
No va, you aren't going
No vamos, we aren't going
No van, they aren't going

vamos, let's go   **al,** to the

Vamos al cine.

Vamos al teatro.

Vamos al parque.

Vamos al banco.

Vamos al hotel.
Vamos al club.
Vamos al garage.
Vamos al restaurante.

NOTE: "Vamos" means both "Let's go" and "We are going."

11

¿va? are you going? **al,** to the
voy, I'm going **sí,** yes

¿Va al banco? [VD]
Sí, voy al banco.

¿Va al teatro? [VD]
Sí, voy al teatro.

¿Va al parque? [VD]
Sí, voy al parque.

¿Va al cine?
Sí, voy al cine.

¿Va al hotel? [VD]
Sí, voy al hotel.
¿Va al restaurante? [VD]
Sí, voy al restaurante.

Va: you are going [VD]
~~he is going~~ VA EL
~~she is going~~ VA ELLA
~~it is going~~

¿Va? are you going?
is he going?
is she going?
~~is it going?~~

12

EXERCISE

Translate the following sentences into Spanish:

1. I'm going to the hotel.
2. I'm going to the club.
3. I'm going to the garage.
4. Let's go to the movies.
5. Let's go to the theater.
6. I'm going to the restaurant.
7. Let's go to the park.
8. I'm going to the bank.
9. I'm going to the movies.
10. Let's go to the club.

Check your sentences with those below:

1. Voy al hotel.
2. Voy al club.
3. Voy al garage.
4. Vamos al cine.
5. Vamos al teatro.
6. Voy al restaurante.
7. Vamos al parque.
8. Voy al banco.
9. Voy al cine.
10. Vamos al club.

es, is

el, the

grande, big

el rancho, the ranch

El tren es grande.

El avión es grande.

El auto es grande.

El parque es grande.

El hotel es grande.
El rancho es grande.
El restaurante es grande.

Es: you are
he is
she is

¿Es? are you?
is he?
is she?

14

no es, is not

grande, big

El botón no es grande.

El plato no es grande.

El fósforo no es grande.

El gato no es grande.

Ser (to be)

soy, I am

es, you are,
    he, she,

somos, we are

son, they are

no es, is not   **grande,** big

El sombrero **no es**
grande.

El libro no es grande.

El disco no es grande.   El vaso no es grande.

Most words which end in o are masculine and take
the article el (the):

el sombrero   el vaso
el disco   el libro

16

es, is
grande, big
no es, is not
la, the

La casa es grande.   La montaña es grande.

La pera no es grande.   La rosa no es grande.

Most words which end in a are feminine and take the
article la (the):

la casa   la montaña
la pera   la rosa

The word **montaña** is pronounced "montanya."

17

Chica

chiquito, little (masculine)   **es**, is

Chico

~~**Chiquito**~~ is a masculine word. Notice that it ends **in o**. It goes with other words which end in **o**.

El vaso es ~~chiquito.~~
CHICO

El sombrero es ~~chiquito.~~
Chico

CHICO

El canario es ~~chiquito.~~

El pollo es ~~chiquito.~~
CHICO

Words that end in **o** take the articles **el** (the) and **un** (a, an).

el canario, the canary   **un canario**, a canary

The word **pollo** (chicken) is pronounced "poyo."

18

chiquita, little (feminine)   **es, is**

(handwritten: Chica)

Chiquita is a feminine word. Notice that it ends in **a**. *(handwritten: CHICA)*
It goes with other words which end in **a**.

La rosa es chiquita. *(handwritten: CHICA)*

La taza es chiquita. *(handwritten: CHICA)*

La violeta es chiquita. *(handwritten: CHICA)*

La sardina es chiquita. *(handwritten: CHICA)*

Words which end in **a** take the articles **la** (the) and
una (a, an).

    la rosa, the rose   **una rosa**, a rose

19

EXERCISE

Choose the correct word:

1. El tren es (grande, chiquito). *CHICO* ✓

2. El auto es (grande, chiquito). *CHICO* ✓

3. El botón es (grande, chiquito). *CHICO*

4. El fósforo es (grande, chiquito). *CHICO*

5. El pollo es (chiquito, chiquita). *CHICO* ✓

6. La taza es (chiquito, chiquita). *CHICA*

7. La pera es (chiquito, chiquita). *CHICA*

8. El vaso es (chiquito, chiquita). *CHICO*

The correct answers are on the next page.

REMEMBER: **grande,** big   **chiquito,** little

Answers to the questions on the previous page:

1. El tren es grande.

2. El auto es grande.

3. El botón es chiquito. *Checo*

4. El fósforo es chiquito. *Checo*

5. El pollo es chiquito. *Checo*

6. La taza es chiquita. *Checa*

7. La pera es chiquita. *Checa*

8. El vaso es chiquito. *Checo*

¿**Qué es?** What is?

un animal, an animal   **el tigre,** the tiger
la mula, the mule   **el león,** the lion

¿Qué es el caballo?   ¿Qué es la vaca?
El caballo es un animal.   La vaca es un animal.

¿Qué es el perro?   ¿Qué es el gato?
El perro es un animal.   El gato es un animal.

La mula es un animal.
El tigre es un animal.
El león es un animal.

¿Qué es? What is?

una fruta, a fruit
la piña, the pineapple

la naranja, the orange
la manzana, the apple

¿Qué es la pera?
La pera es una fruta.

¿Qué es la naranja?
La naranja es una fruta.

¿Qué es la manzana?
La manzana es una
fruta.

¿Qué es la piña?
La piña es una fruta.

una fruta deliciosa, a delicious fruit

La pera es una fruta deliciosa.
La naranja es una fruta deliciosa.

23

¿Qué es? What is?

una flor, a flower

el tulipán, the tulip

el geranio, the geranium

el clavel, the carnation

¿Qué es la rosa?
La rosa es una flor.

¿Qué es el tulipán?
El tulipán es una flor.

¿Qué es el geranio?
El geranio es una flor.

¿Qué es el clavel?
El clavel es una flor.

una flor linda, a lovely flower

La rosa es una flor linda.
El tulipán es una flor linda.

una verdura, a vegetable   apio, celery
la zanahoria, the carrot   **lechuga,** lettuce

¿Qué es el apio?   ¿Qué es la zanahoria?
El apio es una verdura.   La zanahoria es una
                                    verdura.

¿Qué es la lechuga?   ¿Qué es el tomate?
La lechuga es una   El tomate es una
    verdura.   verdura.

rojo, red

¿Es rojo el tomate?
Sí, el tomate es rojo.

EXERCISE

Answer the following questions:

1. ¿Qué es el gato?

2. ¿Qué es el tomate?

3. ¿Qué es la rosa?

4. ¿Qué es la pera?

5. ¿Qué es la manzana?

6. ¿Qué es el tulipán?

7. ¿Qué es la lechuga?

8. ¿Qué es el perro?

The correct answers are on the next page.

Answers to the questions on the previous page:

1. El gato es un animal.

2. El tomate es una verdura.

3. La rosa es una flor.

4. La pera es una fruta.

5. La manzana es una fruta.

6. El tulipán es una flor.

7. La lechuga es una verdura.

8. El perro es un animal.

WHAT TO SAY TO THE WAITER
OR TO THE DOORMAN

por favor, please
la cuenta, the check
un vaso de agua, a glass
   of water

bistec, beefsteak
rosbif, roastbeef
azúcar, sugar
café, coffee

Rosbif, por favor.

La cuenta, por favor.

Un vaso de agua, por
favor.

Azúcar, por favor.

Chocolate, por favor.
Café, por favor.

Bistec, por favor.
Un taxi, por favor.

tomé, I took
¿tomó? did you take?

un, a, an
sí, yes

¿Tomó un taxi?
Sí, tomé un taxi.

¿Tomó un avión?
Sí, tomé un avión.

¿Tomó un tren?
Sí, tomé un tren.

¿Tomó un autobús?
Sí, tomé un autobús.

Tomar (to take)

tomé, I took
tomó, you, he, she took
¿tomó? did you take?
tomamos, we took
tomaron, they took

Tomé un tren.
Tomó un taxi.
¿Tomó un taxi?
Tomamos un avión.
Tomaron un autobús.

tomé, I took
sí, yes

¿tomó? did you take
un, a, an

In Spanish we also use the verb **tomar** (to take) to express eating and drinking. We say, "I took soup" (tomé sopa) instead of "I had soup."

¿Tomó sopa?
Sí, tomé sopa.

¿Tomó café?
Sí, tomé café.

¿Tomó chocolate?
Sí, tomé chocolate.

¿Tomó té?
Sí, tomé té.

Tomé rosbif.   Tomé un sandwich.
Tomé bistec.   Tomé salmón.

Tomó: you took
     he took
     she took
     it took

¿Tomó? did you take?
     did he take?
     did she take?
     did it take?

tomé, I took
para la cena, for dinner, for supper

la cena, (the) dinner
para, for

Tomé pollo para la cena.

Tomé salmón para la cena.

Tomé espárragos para la cena.

Tomé café para la cena.

Remember that you use **"tomé"** to express eating and drinking.

Tomé té. *I had tea.*
Tomé la cena. *I had dinner.*

compré, I bought

¿compró? did you buy?

el periódico, the newspaper

una blusa, a blouse

¿Compró una blusa?
Sí, compré una blusa.

¿Compró el periódico?
Sí, compré el periódico.

¿Compró un automóvil?
Sí, compré un automóvil.

¿Compró un sombrero?
Sí, compré un sombrero.

Comprar (to buy)

compré, I bought

compró, you, he, she bought

¿compró? did you buy?

compramos, we bought

compraron, they bought

Compré café.

Compró una blusa.

¿Compró una blusa?

Compramos el periódico.

Compraron un auto.

compré, I bought
para la cena, for dinner, for supper

para, for
¿compró? did you buy?

¿Compró un pollo para la cena?
Sí, compré un pollo para la cena.

¿Compró apio para la cena?
Sí, compré apio para la cena.

¿Compró tomates para la cena?
Sí, compré tomates para la cena.

¿Compró lechuga para la cena?
Sí, compré lechuga para la cena.

esta noche, tonight

Compré tomates para la cena esta noche.
Compré lechuga para la cena esta noche.

Compró: you bought
he bought
she bought

¿Compró? did you buy?
did he buy?
did she buy?

33

EXERCISE

Answer the following questions: (Follow the example)

1. ¿Tomó café para la cena?
   Example: Sí, tomé café para la cena.

2. ¿Tomó salmón para la cena?

3. ¿Tomó un avión?

4. ¿Tomó apio para la cena?

5. ¿Tomó un tren?

6. ¿Compró un sombrero?

7. ¿Compró un pollo para la cena?

8. ¿Compró tomates para la cena?

The correct answers are on the next page.

REMEMBER: **tomé,** I took   **compré,** I bought
              para la cena, for dinner, for supper

Answers to the questions on the previous page:

1. Sí, tomé café para la cena.

2. Sí, tomé salmón para la cena.

3. Sí, tomé un avión.

4. Sí, tomé apio para la cena.

5. Sí, tomé un tren.

6. Sí, compré un sombrero.

7. Sí, compré un pollo para la cena.

8. Sí, compré tomates para la cena.

una, a, an
una bufanda, a scarf

voy a comprar, I'm going
to buy

Voy a comprar una
blusa.

Voy a comprar una
falda.

Voy a comprar una
corbata.

Voy a comprar una
bufanda.

¿va a comprar? are you going to buy?

¿Va a comprar una blusa?
¿Va a comprar una corbata?
¿Va a comprar una falda?

comprar, to buy
¿va a comprar? are you going to buy?
voy a comprar, I'm going to buy

¿Va a comprar un
sombrero?
Sí, voy a comprar un
sombrero.

¿Va a comprar un
vestido?
Sí, voy a comprar un
vestido.

¿Va a comprar un
suéter?
Sí, voy a comprar un
suéter.

¿Va a comprar un
traje?
Sí, voy a comprar un
traje.

Voy a comprar, I'm going to buy
¿Va a comprar? are you going to buy?
Va a comprar, he is going to buy
Vamos a comprar, we are going to buy
Van a comprar, they are going to buy

voy a comprar, I'm going to buy
¿va a comprar? are you going to buy?
esta mañana, this morning

¿Va a comprar un sombrero?
Sí, voy a comprar un sombrero.

¿Va a comprar un sombrero esta mañana?
Sí, voy a comprar un sombrero esta mañana.

¿Va a comprar una blusa?
Sí, voy a comprar una blusa.

¿Va a comprar una blusa esta mañana?
Sí, voy a comprar una blusa esta mañana.

¿Va a comprar una corbata?
Sí, voy a comprar una corbata.

¿Va a comprar una corbata esta mañana?
Sí, voy a comprar una corbata esta mañana.

¿van? are they going?
van, they are going

al mercado, to the market
al, to the

¿Van al hotel?
Sí, van al hotel.

¿Van al garage?
Sí, van al garage.

¿Van al cine?
Sí, van al cine.

¿Van al mercado?
Sí, van al mercado.

¿Van al restaurante?
Sí, van al restaurante.

¿Van al club?
Sí, van al club.

tomar, to take
¿va a tomar? are you going to take?
voy a tomar, I'm going to take

¿Va a tomar un taxi? ¿Va a tomar un tren?
Sí, voy a tomar un taxi. Sí, voy a tomar un tren.

¿Va a tomar un
  autobús?
Sí, voy a tomar un
  autobús.

¿Va a tomar un avión?
Sí, voy a tomar un
  avión.

Vamos a tomar, *we are going to take*
Van a tomar, *they are going to take*

Remember that in Spanish you do not say "I'm going to have soup." You say instead, "I'm going to take soup." (**Voy a tomar sopa.**)

¿va a tomar? are you going to take?
pollo, chicken

una ensalada, a salad
chocolate, chocolate (drink)

¿Va a tomar una ensalada?
Sí, voy a tomar una ensalada.

¿Va a tomar café?
Sí, voy a tomar café.

¿Va a tomar sopa?
Sí, voy a tomar sopa.

¿Va a tomar apio?
Sí, voy a tomar apio.

¿Va a tomar pollo?
Sí, voy a tomar pollo.

¿Va a tomar chocolate?
Sí, voy a tomar chocolate.

41

nadar, to swim
cantar, to sing
¿va a? are you going to?

bailar, to dance
pescar, to fish
voy a, I'm going to

¿Va a bailar?
Sí, voy a bailar.

¿Va a nadar?
Sí, voy a nadar.

¿Va a cantar?
Sí, voy a cantar.

¿Va a pescar?
Sí, voy a pescar.

esta noche, tonight

¿Va a cantar esta noche?
¿Va a bailar esta noche?

Buenos días, señor. Good morning, sir.
Buenas tardes, señor. Good afternoon, sir.
Buenas noches, señor. Good evening, sir.
        Good night, sir.
Buenos días, señorita. Good morning, miss.
Buenos días, señora. Good morning, madam.
¿Cómo está usted? How are you?
Bien gracias. ¿Y usted? Well, thank you; and you?

  Gracias. Thank you.
  De nada. You are welcome.
  Perdón. Pardon. Excuse me.
  Con mucho gusto. With much pleasure.

¡ SALUD ! health

EXERCISE

Answer the following questions:

1. ¿Va a comprar un sombrero?

2. ¿Va a comprar una blusa?

3. ¿Va a tomar un taxi?

4. ¿Va a tomar un avión?

5. ¿Va a tomar sopa?

6. ¿Va a nadar?

7. ¿Va a comprar una corbata?

8. ¿Va a tomar café?

The correct answers are on the next page.

¿va a comprar? are you going to buy?

voy a comprar, I'm going to buy

tomar, to take

nadar, to swim

Answers to the questions on the previous page:

1. Sí, voy a comprar un sombrero.

2. Sí, voy a comprar una blusa.

3. Sí, voy a tomar un taxi.

4. Sí, voy a tomar un avión.

5. Sí, voy a tomar sopa.

6. Sí, voy a nadar.

7. Sí, voy a comprar una corbata.

8. Sí, voy a tomar café.

¿tiene? have you?
tengo, I have

un, una, a, an
sí, yes

¿Tiene un auto?
Sí, tengo un auto.

¿Tiene una bicicleta?
Sí, tengo una bicicleta.

¿Tiene un fonógrafo?
Sí, tengo un fonógrafo.

¿Tiene una guitarra?
Sí, tengo una guitarra.

Tener (to have)

tengo, I have
¿tiene? have you?
tiene, he has

tenemos, we have
tienen, they have

46

mantequilla, butter
muchos discos, many
   records
¿tiene? have you?

azúcar, sugar
muchos libros, many
   books
tengo, I have

¿Tiene azúcar?
Sí, tengo azúcar.

¿Tiene mantequilla?
Sí, tengo mantequilla.

¿Tiene muchos libros?
Sí, tengo muchos
   libros.

¿Tiene muchos discos?
Sí, tengo muchos
   discos.

Tiene: you have
   he has
   she has
   it has

¿Tiene? have you?
   has he?
   has she?
   has it?

¿Tiene un gorila en casa?
¡Caramba! Eso es ridículo. No
tengo un gorila en casa.

¿Tiene un toro en casa?
Eso es absolutamente ridículo.
No tengo un toro en casa.

¿Tiene un elefante en casa?
¡Caramba! Eso es absolutamente
ridículo. No tengo un elefante
en casa. No es posible.

Eso es ridículo.
That is ridiculous.
Eso es absolutamente ridículo.
That is absolutely ridiculous.

48

¡caramba! gee whiz!
¿tiene? have you?
por fortuna, fortunately
en casa, at home

un ratón, a mouse
tengo, I have
eso es terrible,
    that is terrible

¿Tiene un león en casa?
¡Caramba! Eso es terrible. No
tengo un león en casa.

¿Tiene un ratón en casa?
No, por fortuna no tengo un
ratón en casa.

¿Tiene una culebra en casa?
¡Caramba! Eso es terrible.
No tengo una culebra en casa.

comprar, to buy
una, a, an

tengo que comprar,
I have to buy

Tengo que comprar una
silla.

Tengo que comprar
jabón.

Tengo que comprar una
camisa.

Tengo que comprar
cortinas.

Tenemos que comprar, we have to buy

Tenemos que comprar café.
Tenemos que comprar un auto.

huevos, eggs
¿tiene que comprar? do you have to buy?
tengo que comprar, I have to buy

¿Tiene que comprar un auto?
Sí, tengo que comprar un auto.

¿Tiene que comprar jabón?
Sí, tengo que comprar jabón.

¿Tiene que comprar huevos?
Sí, tengo que comprar huevos.

¿Tiene que comprar una lámpara?
Sí, tengo que comprar una lámpara.

tengo que ir, I have to go
al correo, to the post office

al, to the
al despacho, to the office

Tengo que ir al correo.　Tengo que ir al banco.

Tengo que ir al
restaurante.

Tengo que ir al
despacho.

Tengo que ir al hotel.
Tengo que ir al hospital.
Tengo que ir al club.

¿Tiene que ir? *Do you have to go?*
¿Tiene que ir al correo?
¿Tiene que ir al restaurante?
¿Tiene que ir al banco?
¿Tiene que ir al despacho?

Tengo tiempo. I have time.
No tengo tiempo. I don't have time.
Tengo visitas. I have company.
Tengo catarro. I have a cold.
Tengo hambre. I'm hungry.
Tengo sed. I'm thirsty (I have thirst).
Tengo frío. I'm cold.
Tengo calor. I'm warm.
Tengo dolor de cabeza. I have a headache.
Tiene razón. You are right (You have reason).
¿Qué tiene? What's wrong with you?
(What have you got?)
¿Cuántos años tiene? How old are you?
(How many years have you?)
Alberto tiene cinco años. Albert is five years old,
(Albert has five years.)

Tener (to have)

tengo, I have	**tenemos,** we have
tiene: you have, have you?	**tienen,** they have
he has, has he?	
she has, has she?	
it has, has it?	

EXERCISE

Answer the following questions:

1. ¿Tiene un auto?

2. ¿Tiene una guitarra?

3. ¿Tiene un fonógrafo?

4. ¿Tiene que comprar una silla?

5. ¿Tiene que comprar jabón?

6. ¿Tiene que comprar una camisa?

7. ¿Tiene que ir al banco?

8. ¿Tiene que ir al restaurante?

The correct answers are on the next page.

REMEMBER: ¿tiene? have you?   tengo, I have

tengo que comprar, I have to buy
tengo que ir, I have to go

Answers to the questions on the previous page:

1. Sí, tengo un auto.

2. Sí, tengo una guitarra.

3. Sí, tengo un fonógrafo.

4. Sí, tengo que comprar una silla.

5. Sí, tengo que comprar jabón.

6. Sí, tengo que comprar una camisa.

7. Sí, tengo que ir al banco.

8. Sí, tengo que ir al restaurante.

comprar, to buy
un, una, a, an

quiero comprar, I want
    to buy

Quiero comprar un
auto.

Quiero comprar una
pipa.

Quiero comprar una
falda.

Quiero comprar una
blusa.

Querer (to want)

quiero, I want
quiere, you want
¿quiere? do you want?

queremos, we want
quieren, they want

¿Quiero comprar un auto? *Do you want to buy a car?*
¿Quiere comprar una pipa?
¿Quiere comprar una falda?
¿Quiere comprar una blusa?

una, a, an
¿quiere comprar? do you want to buy?
quiero comprar, I want to buy

¿Quiere comprar
chocolates?
Sí, quiero comprar
chocolates.

¿Quiere comprar
peras?
Sí, quiero comprar
peras.

¿Quiere comprar una
camisa?
Sí, quiero comprar una
camisa.

¿Quiere comprar una
corbata?
Sí, quiero comprar una
corbata.

Quiere:	you want	¿Quiere?	do you want?
	he wants		does he want?
	she wants		does she want?
	it wants		does it want?

Alberto quiere comprar un auto.
Albert wants to buy a car.
Roberto quiere comprar una corbata.
María quiere comprar chocolates.

ir, to go
quiero ir, I want to go

a, to
al, to the

Quiero ir al parque.

Quiero ir al cine.

Quiero ir al teatro.

Quiero ir al concierto.

Quiero ir al restaurante.
Quiero ir al hotel.
Quiero ir a México.
Quiero ir a París.

¿Quiere ir al parque?
Do you want to go to the park?
¿Quiere ir al teatro?
¿Quiere ir al cine?
¿Quiere ir al concierto?

¿quiere ir? do you want
to go?
quiero ir, I want to go

a la fiesta, to the party
a la tienda, to the store
a la playa, to the beach

¿Quiere ir a la fiesta?
Sí, quiero ir a la fiesta.

¿Quiere ir a la playa?
Sí, quiero ir a la playa.

¿Quiere ir a la tienda?
Sí, quiero ir a la tienda.

¿Quiere ir a la casa?
Sí, quiero ir a la casa.

queremos ir, we want to go

Queremos ir a la fiesta.
Queremos ir a la playa.
Queremos ir a la tienda.
Queremos ir a la casa.

EVERYDAY EXPRESSIONS

Quiero means both "I want" and "I love."

Te quiero, I love you. (Thee I love.)
Lo quiero, I love him. (Him I love.)
La quiero, I love her. (Her I love.)
Te quiero mucho, I love you very much.
Te quiero muchísimo, I love you very, very much.

When you name a person, you must put the letter a after **quiero:**

    Quiero a Roberto, I love Robert.
    Quiero a María, I love Mary.
    Quiero a mi mamá, I love my mother.
    Quiero a mi papá, I love my father.

¿quiere? do you want?
quiero, I want

mañana, tomorrow
¿quiere dormir? do you
want to sleep?

¿Quiere nadar mañana?
Sí, quiero nadar
mañana.

¿Quiere dormir
mañana?
Sí, quiero dormir
mañana.

¿Quiere estudiar
mañana?
Sí, quiero estudiar
mañana.

¿Quiere pescar
mañana?
Sí, quiero pescar
mañana.

EXERCISE

Answer the following questions:

1. ¿Quiere comprar chocolates?

2. ¿Quiere comprar una camisa?

3. ¿Quiere comprar una corbata?

4. ¿Quiere nadar?

5. ¿Quiere ir a la playa?

6. ¿Quiere ir al cine?

7. ¿Quiere ir al concierto?

8. ¿Quiere ir a la casa?

9. Translate: I love you. I love him. I love her.

The correct answers are on the next page.

quiero comprar, I want to buy   **quiero ir,** I want to go

Answers to the questions on the previous page:

1. Sí, quiero comprar chocolates.

2. Sí, quiero comprar una camisa.

3. Sí, quiero comprar una corbata.

4. Sí, quiero nadar.

5. Sí, quiero ir a la playa.

6. Sí, quiero ir al cine.

7. Sí, quiero ir al concierto.

8. Sí, quiero ir a la casa.

9. Te quiero. Lo quiero. La quiero.

el, the (singular)   **los,** the (plural)

To form the plural of a word that ends in a vowel, add the letter **s.**

el sombrero

los sombreros

el libro

los libros

el caballo

los caballos

el perro

los perros

Words that end in **o** are masculine and take the articles **el, los** (the).

la, the (singular)   **las,** the (plural)

To form the plural of words that end in a vowel, add the letter **s.**

la pera

las peras

la casa

las casas

la rosa

las rosas

la blusa

las blusas

Words that end in **a** are feminine and take the articles **la, las** (the)

SINGULAR	PLURAL
pretty, **bonito**	**bonitos**
delicious, **delicioso**	**deliciosos**

el rábano, the radish	**los rábanos**, the radishes
el plátano, the banana	**los plátanos**, the bananas
es, is	**son**, are

El caballo es bonito.

Los caballos son bonitos.

El libro es bonito.

Los libros son bonitos.

El plátano es delicioso.

Los plátanos son deliciosos.

El rábano es delicioso.

Los rábanos son deliciosos.

SINGULAR	PLURAL
pretty, **bonita**	**bonitas**
delicious, **deliciosa**	**deliciosas**

la manzana, the apple	**las manzanas,** the apples
es, is	**son,** are

La manzana es
deliciosa.

Las manzanas son
deliciosas.

La mariposa es bonita.

Las mariposas son
bonitas.

La pera es deliciosa.

Las peras son
deliciosas.

La rosa es bonita.

Las rosas son bonitas.

67

son, are   **los, las,** the

¿Son bonitos los vestidos?
Are the dresses pretty? (Are pretty the dresses?)

¿Son bonitos los
   vestidos?
Sí, los vestidos son
   bonitos.

¿Son bonitas las
   faldas?
Sí, las faldas son
   bonitas.

¿Son bonitas las
   corbatas?
Sí, las corbatas son
   bonitas.

la flor, the flower   **las flores,** the flowers

To form the plural of words that end in a consonant, add **es.**

el doctor   los doctores

la flor   las flores

SINGULAR	PLURAL
el animal	los animales
el metal	los metales
el cereal	los cereales
el actor	los actores
la invitación	las invitaciones

al words

Most words which end in **al** are alike in Spanish and English.

el animal, el hospital, natural, final, capital, central, personal, local, rural, plural, canal, federal

el torero, the bullfighter
valiente, brave   **ay sí,** oh yes
romántico, romantic   **muy,** very
el paciente del dentista, the dentist's patient

¿Es valiente el torero?
Ay sí, el torero es muy valiente.
¿Es romántico el torero?
Sí, el torero es muy romántico.

¿Es valiente el toro?   ¿Es valiente el paciente
Sí, el toro es muy   del dentista?
    valiente.   Ay sí, el paciente del
                                    dentista es muy
                                    valiente.

Vamos a los toros. *Let's go to the bullfight.*

70

EVERYDAY EXPRESSIONS

Es importante.
It's important.

Son importantes.
They are important.

Es terrible.
It's terrible.

Son terribles.
They are terrible.

Es fantástico.
It's fantastic.

Son fantásticos.
They are fantastic.

Es bueno.
It's good.

Son buenos.
They are good.

Es malo.
It's bad.

Son malos.
They are bad.

Es interesante.
It's interesting.

Son interesantes.
They are interesting.

Es formidable.
It's terrific.

Son formidables.
They are terrific.

Eso es. That's it.
Claro. Of course. (██████)
¿Cómo no? Of course. (███████)
Por supuesto. Of course. (██ ████████)
Ya lo creo. Of course. (███ █ ██████ █)

In Spanish you use all of these forms of "of course"
frequently during a conversation.

Answer the following questions:

1. ¿Son bonitos los vestidos?

2. ¿Son bonitos los caballos?

3. ¿Son bonitas las rosas?

4. ¿Son bonitas las mariposas?

5. ¿Son deliciosas las peras?

6. ¿Son deliciosos los plátanos?

7. ¿Son deliciosas las manzanas?

8. ¿Son deliciosos los rábanos?

The correct answers are on the next page.

bonitos, pretty   **son,** are
deliciosos, delicious   **los, las,** the

Answers to the questions on the previous page:

1. Sí, los vestidos son bonitos.

2. Sí, los caballos son bonitos.

3. Sí, las rosas son bonitas.

4. Sí, las mariposas son bonitas.

5. Sí, las peras son deliciosas.

6. Sí, los plátanos son deliciosos.

7. Sí, las manzanas son deliciosas.

8. Sí, los rábanos son deliciosos.

está, is

en la mesa, on the table

Use **está** when you want to say "where" someone or something is.

El café está en la mesa.

La crema está en la mesa.

El plato está en la mesa.

El vaso está en la mesa.

Estar (to be)

estoy, I am
está, you are, he is, she is, it is
¿está? are you? is he? is she? is it?

estamos, we are
están, they are

¿Dónde está el café? *Where is the coffee?*
¿Dónde está el plato?
¿Dónde está la crema?
¿Dónde está el vaso?

en, in, on, at
en el hospital, in the
    hospital
está, is

en el tren, on the train
en el teatro, at the
    theater

El doctor está en el
hospital.

El actor está en el
teatro.

El conductor está en
el tren.

El tenor está en la
ópera.

or words

Most words which end in **or** are alike in Spanish and English.

el actor, el tractor, el color, el reflector, vigor, exterior, favor, director, humor, error

¿Dónde está el doctor? *Where is the doctor?*
¿Dónde está el conductor?
¿Dónde está el teatro?

75

está, is (places)

¿dónde está? where is?
en el despacho, at the
  office
papá, father

en, in, on, at
en casa, at home
mamá, mother

¿Dónde está papá?
Papá está en el
despacho.

¿Dónde está mamá?
Mamá está en casa.

¿Dónde está Roberto?
Roberto está en el
cine.

¿Dónde está Alberto?
Alberto está en el
banco.

Roberto está en el restaurante.
María está en el club.
Daniel está en México.

en el baño, in the bathroom
la toalla, the towel

¿dónde está? where is?
está, is (places)

¿Dónde está el lavamanos?
El lavamanos está en el baño.

¿Dónde está la tina?
La tina está en el baño.

¿Dónde está el jabón?
El jabón está en el baño.

¿Dónde está la toalla?
La toalla esta en el baño.

¿Dónde está el restaurante?
¿Dónde está Roberto?

en el comedor, in the dining room
el mantel, the table cloth
la servilleta, the napkin

¿dónde está? where is?
está, is (places)
la mesa, the table

¿Dónde está la mesa?
La mesa está en el comedor.

¿Dónde está la silla?
La silla está en el comedor.

¿Dónde está el mantel?
El mantel está en el comedor.

¿Dónde está la servilleta?
La servilleta está en la mesa.

en la sala, in the living room
¿dónde está? where is?

el sillón, the armchair
está, is (places)

¿Dónde está el sofá?
El sofá está en la sala.

¿Dónde está el sillón?
El sillón está en la sala.

¿Dónde está la televisión?
La televisión está en la sala.

¿Dónde está el teléfono?
El teléfono está en la sala.

Roberto está en la sala.

en la cocina, in the
   kitchen
la estufa, the stove
¿dónde está? where is?

la olla, the pot
la cafetera, the coffee pot
está, is (places)

¿Dónde está la estufa?
La estufa está en la
   cocina.

¿Dónde está la olla?
La olla está en la
   estufa.

¿Dónde está la
   cafetera?
La cafetera está en la
   cocina.

¿Dónde está el
   refrigerador?
El refrigerador está en
   la cocina.

Mamá está en la cocina.

Está contento.	**Está contenta.**
He is happy.	She is happy.
Está cansado.	**Está cansada.**
He is tired.	She is tired.
Está ocupado.	**Está ocupada.**
He is busy.	She is busy.
Está enfermo.	**Está enferma.**
He is sick.	She is sick.
Está listo.	**Está lista.**
He is ready.	She is ready.
Está solo.	**Está sola.**
He is alone.	She is alone.
Está enojado.	**Está enojada.**
He is angry.	She is angry.
Está furioso.	**Está furiosa.**
He is furious.	She is furious.
Está aburrido.	**Está aburrida.**
He is bored.	She is bored.
Está enamorado.	**Está enamorada.**
He is in love.	She is in love.

Está bien. It's alright. He, she is well.
Está mejor. He, she is better.
Está mal. He, she is ill.
Está peor. He, she is worse.
Está con Roberto. He, she is with Robert.
Está triste. He, she is sad.
Estamos contentos. We are happy.
Están cansados. They are tired.
Estoy contento. I am happy. (When a man says it)
Estoy contenta. I am happy. (When a woman says it)
Está cómodo. He's comfortable.

EXERCISE

Answer the following questions:

1. ¿Dónde está la tina?

2. ¿Dónde está la toalla?

3. ¿Dónde está el jabón?

4. ¿Dónde está el sofá?

5. ¿Dónde está el sillón?

6. ¿Dónde está la estufa?

7. ¿Dónde está el refrigerador?

8. ¿Dónde está la olla?

The correct answers are on the next page.

está, is (places)

en la sala, in the living room

¿dónde está? where is?

en la cocina, in the kitchen

en el baño, in the bathroom

Answers to the questions on the previous page:

1. La tina está en el baño.

2. La toalla está en el baño.

3. El jabón está en el baño.

4. El sofá está en la sala.

5. El sillón está en la sala.

6. La estufa está en la cocina.

7. El refrigerador está en la cocina.

8. La olla está en la estufa.

ir, to go
puedo ir, I can go
¿puede ir? can you go?
a la tienda, to the store

a mi casa, to my house
a su casa, to your house
a la fiesta, to the party

¿Puede ir a la tienda?
Sí, puedo ir a la
    tienda.

¿Puede ir a la fiesta?
Sí, puedo ir a la fiesta.

¿Puede ir a mi casa?
Sí, puedo ir a su casa.

¿Puede ir a la clase?
Sí, puedo ir a la clase.

No puedo ir a la fiesta. *I can't go to the party.*

esta noche, tonight
¿puede ir? can you go?
puedo ir, I can go
conmigo, with me

al baile, to the dance
al concierto, to the concert
con usted, with you

¿Puede ir al baile conmigo?
Sí, puedo ir al baile con usted.

¿Puede ir al concierto esta noche?
Sí, puedo ir al concierto esta noche.

¿Puede ir al ballet esta noche?
Sí, puedo ir al ballet con usted
esta noche.

No puedo ir al baile. *I can't go to the dance.*
No puedo ir al concierto. *I can't go to the concert.*
No puedo ir al ballet. *I can't go to the ballet.*

hay: there is, there are
is there? are there?

In Spanish there is no word for "any". "¿Hay café?"
means "Is there any coffee?"

crema, cream

mantequilla, butter

en el refrigerador, in the
refrigerator

sopa, soup

¿Hay sopa?
Sí, hay sopa.

¿Hay chocolate?
Sí, hay chocolate.

¿Hay crema en el
refrigerador?
Sí, hay crema en el
refrigerador.

¿Hay mantequilla en
el refrigerador?
Sí, hay mantequilla en
el refrigerador.

hay: there is, there are
is there? are there?

en la tienda, in the store
mucho dinero, much
money

y, and
estación de gasolina,
gasoline station

¿Hay mucho dinero en
el banco?
Sí, hay mucho dinero
en el banco.

¿Hay blusas y faldas
en la tienda?
Sí, hay blusas y faldas
en la tienda.

¿Hay corbatas y
camisas en la
tienda?
Sí, hay corbatas y
camisas en la
tienda.

¿Hay gasolina en la
estación de
gasolina?
Sí, hay gasolina en la
estación de
gasolina.

hay: there is, there are
is there? are there?

en el mercado, in the market

muchos plátanos, many bananas

en la tienda, in the store

muchas naranjas, many oranges

¿Hay muchos calce-
tines en la tienda?
Sí, hay muchos calce-
tines en la tienda.

¿Hay muchas medias
en la tienda?
Sí, hay muchas medias
en la tienda.

¿Hay muchas naranjas
en el mercado?
Sí, hay muchas
naranjas en el
mercado.

¿Hay muchos plátanos
en el mercado?
Sí, hay muchos
plátanos en el
mercado.

hay: there is, there are
is there? are there?

estudiantes, students
no hay, there isn't,
there aren't
eso es absolutamente ridículo, that is absolutely
ridiculous

ay no, oh no
en la clase, in the class

¿Hay gorilas en la clase?
Ay no, eso es absolutamente
ridículo. No hay gorilas en
la clase.

¿Hay estudiantes en la clase?
Sí, hay muchos estudiantes
en la clase. Los estudiantes
son inteligentes.

¿Hay mulas en la clase?
Ay no, eso es absolutamente
ridículo. No hay mulas en
la clase.

hay: there is, there are
is there? are there?

muchos, many
muy bonita, very pretty
un peluquero, a barber

una piscina, a swimming
pool

¿Hay turistas en el hotel?
Sí, hay muchos turistas en
el hotel. Hay turistas
americanos, italianos,
mexicanos, etcétera.

¿Hay una piscina en el hotel?
Sí, hay una piscina en el
hotel. Es muy bonita.

¿Hay un peluquero en el hotel?
Sí, hay un peluquero excelente
en el hotel.

¿Qué hay? What is there? What's up?

hay: there is, there are
is there? are there?

carne, meat
pan, bread
zapatos, shoes
joyas, jewels
en la joyería, in the
jewelry shop

en la carnicería, in the
butcher shop
en la panadería, in the
bakery
en la zapatería, in the
shoe store

¿Hay zapatos en la
zapatería?
Sí, hay zapatos en la
zapatería.

¿Hay pan en la
panadería?
Sí, hay pan en la
panadería.

¿Hay carne en la
carnicería?
Sí, hay carne en la
carnicería.

¿Hay joyas en la
joyería?
Sí, hay joyas en la
joyería.

muchos, many (masculine) **muchas,** many (feminine)

¿Hay muchas joyas en la joyería?
Si, hay muchas joyas en la joyería.

¿Hay muchos zapatos en la zapatería?
Si, hay muchos zapatos en la zapateria.

EXERCISE

Answer the following questions:

1. ¿Puede ir a la casa?

2. ¿Puede ir al ballet?

3. ¿Hay crema en el refrigerador?

4. ¿Hay dinero en el banco?

5. ¿Hay mulas en la clase?

6. ¿Hay turistas en el hotel?

7. ¿Hay zapatos en la zapatería?

8. ¿Hay pan en la panadería?

The correct answers are on the next page.

puedo ir, I can go
zapatería, shoe shop

hay, there is, there are
panadería, bakery

Answers to the questions on the previous page:

1. Sí, puedo ir a la casa.

2. Sí, puedo ir al ballet.

3. Sí, hay crema en el refrigerador.

4. Sí, hay dinero en el banco.

5. No, no hay mulas en la clase.

6. Sí, hay turistas en el hotel.

7. Sí, hay zapatos en la zapatería.

8. Sí, hay pan en la panadería.

me gusta, I like, I like it
   (it pleases me)
el queso, the cheese
la sopa, the soup

la limonada, the
   lemonade
la leche, the milk

Me gusta la sopa.

Me gusta la limonada.

Me gusta el queso.

Me gusta la leche.

Notice that in Spanish you don't say "I like soup."
You must say "I like THE soup," "I like THE cheese,"
etc.

Me gusta mucho el queso. *I like cheese very much.*
¿Le gusta el queso? *Do you like cheese?*
¿Le gusta la sopa?
Sí, me gusta mucho la sopa.
¿Le gusta la limonada?
Sí, me gusta mucho la limonada.

me gusta, I like
¿le gusta? do you like?
el campo, the country

el pescado, (the) fish
el pollo, (the) chicken
la música, (the) music

¿Le gusta el pollo?
Sí, me gusta el pollo.

¿Le gusta el pescado?
Sí, me gusta el
         pescado.

¿Le gusta el campo?
Sí, me gusta el campo.

¿Le gusta la música?
Sí, me gusta la música.

¿Le gusta México?
Sí, me gusta mucho México.

¿Le gusta Acapulco?
Sí, me gusta Acapulco.

¿Le gusta el arroz? (rice)
Sí, me gusta mucho el arroz.

me gustan, I like (something that is plural)
¿le gustan? do you like? (something that is plural)
los huevos, eggs   **los espárragos,** asparagus
los frijoles, beans   **las espinacas,** spinach

¿Le gustan los
   espárragos?
Sí, me gustan los
   espárragos.

¿Le gustan los huevos?
Sí, me gustan los
   huevos.

¿Le gustan las espinacas?
Sí, me gustan las espinacas.

¿Le gustan los frijoles?
Sí, me gustan los frijoles.

Use **"me gusta"** when what you like is singular. Use
"me gustan" when what you like is plural.
Me gusta la rosa. *I like the rose.*
Me gustan las rosas. *I like the roses.*

me gusta, I like
¿le gusta? do you like?
pescar, to fish

nadar, to swim
bailar, to dance
estudiar, to study

¿Le gusta nadar?
Sí, me gusta nadar.

¿Le gusta pescar?
Sí, me gusta pescar.

¿Le gusta bailar?
Sí, me gusta bailar.

¿Le gusta estudiar?
Sí, me gusta estudiar.

No me gusta pescar. *I don't like to fish.*
No me gusta nadar.
No me gusta bailar.

al parque, to the park
al cine, to the movies
ir, to go
me gustaría ir, I would
   like to go

al teatro, to the theater
al campo, to the country
¿le gustaría ir? Would
   you like to go?

¿Le gustaría ir al
   parque?
Sí, me gustaría ir al
   parque.

¿Le gustaría ir al
   teatro?
Sí, me gustaría ir al
   teatro.

¿Le gustaría ir al cine?
Sí, me gustaría ir al
   cine.

¿Le gustaría ir al
   campo?
Sí, me gustaría ir al
   campo.

Me gustaría nadar. *I would like to swim.*
Me gustaría estudiar español.
I would like to study Spanish.

me encanta, I love, I love it (it enchants me)
el queso, cheese   **el salmón,** salmon
el pavo, turkey   **el tocino,** bacon

Me encanta el salmón.   Me encanta el pavo.

Me encanta el queso.
Me encanta el tocino.
Me encanta el café.
Me encanta el chocolate.
Me encanta México.
Me encanta Costa Rica.
Me encanta Caracas.

Notice that in Spanish you do not say "I love cheese."
You must say "I love THE cheese," "I love THE bacon,"
etc.

me encantan, I love (something that is plural)
las fresas, strawberries   **las cebollas,** onions
las cerezas, cherries   **las aceitunas,** olives

Me encantan las
cerezas.

Me encantan las
aceitunas.

Me encantan las
cebollas.

Me encantan las
fresas.

Use "me encanta" when what you like is singular. Use
"me encantan" when what you like is plural.

100

me encantaría ir, I would love to go

al cine, to the movies   **al museo,** to the museum

al campo, to the country   **al centro,** downtown

Me encantaría ir al
cine.

Me encantaría ir al
campo.

Me encantaría ir al museo.
Me encantaría ir al centro.
Me encantaría ir al club.
Me encantaría ir a Venezuela.
Me encantaría ir a Buenos Aires.
Me encantaría ir al ballet.
Me encantaría ir al teatro **(theater).**
Me encantaría ir a nadar **(to swim).**
Me encantaría ir a la playa **(beach).**

¿Le gustaría ir al cine?
Would you like to go to the movies?
Sí, me encantaría ir al cine.
Yes, I would love to go to the movies.

EXERCISE

Answer the following questions:

1. ¿Le gusta el pollo?

2. ¿Le gusta la leche?

3. ¿Le gusta el pescado?

4. ¿Le gustan los espárragos?

5. ¿Le gustan los huevos?

6. ¿Le gusta nadar?

7. ¿Le gusta bailar?

8. ¿Le gustaría ir al cine?

The correct answers are on the next page.

Answers to the questions on the previous page:

1. Sí, me gusta el pollo.

2. Sí, me gusta la leche.

3. Sí, me gusta el pescado.

4. Sí, me gustan los espárragos.

5. Sí, me gustan los huevos.

6. Sí, me gusta nadar.

7. Sí, me gusta bailar.

8. Sí, me gustaría ir al cine.

EXERCISE

Translate the following sentences into Spanish:

1. I like milk.

2. I like eggs.

3. I would like to go to the park.

4. I love salmon.

5. I love Mexico.

6. I love strawberries.

7. I love onions.

8. I would love to go to the movies.

The translation of these sentences is on the next page.

Translation of the sentences on the previous page:

1. Me gusta la leche.

2. Me gustan los huevos.

3. Me gustaría ir al parque.

4. Me encanta el salmón.

5. Me encanta México.

6. Me encantan las fresas.

7. Me encantan las cebollas.

8. Me encantaría ir al cine.

fuí, I went
a la iglesia, to church
a la tienda, to the store
al museo, to the museum

el domingo, on Sunday
el sábado, on Saturday
al concierto, to the concert

Fuí a la tienda el sábado.

Fuí a la iglesia el domingo.

Fuí al museo el sábado.

Fuí al concierto el domingo.

Fuí al club.
Fuí al hotel.
Fuí al restaurante.

¿Fué a la tienda? *Did you go to the store?*
¿Fué a la iglesia? *Did you go to church?*
¿Fué al museo? *Did you go to the museum?*

¿fué? did you go?
al cine, to the movies
a la fiesta, to the party

fuí, I went
al banco, to the bank
al teatro, to the theater

¿Fué al cine?
Sí, fuí al cine.

¿Fué al banco?
Sí, fuí al banco.

¿Fué a la fiesta?
Sí, fuí a la fiesta.

¿Fué al teatro?
Sí, fuí al teatro.

Fué: you went
he went
she went
it went

¿Fué? did you go?
did he go?
did she go?
did it go?

¿Fué al restaurante?
Sí, fuí al restaurante.
María fué al cine. *Mary went to the movies.*
Roberto fué a la fiesta. *Robert went to the party.*
María fué al banco.
Roberto fué al teatro.

¿**fué?** did you go?
no fuí, I didn't go
fuí, I went
al despacho, to the office
eso es ridículo, that is
   ridiculous

esta mañana, this
   morning
con Roberto, with Robert
en taxi, in a taxi
en avión, by airplane
ay no, oh no

¿Fué al despacho?
Sí, fuí al despacho.
¿Fué al despacho esta mañana?
Sí, fuí al despacho esta mañana.

¿Fué al despacho en taxi?
Sí, fuí al despacho en taxi.
¿Fué al despacho con Roberto?
Sí, fuí al despacho con Roberto.

¿Fué al despacho en avión?
Ay no, eso es ridículo.
No fuí al despacho en avión.
Fuí al despacho en taxi.

no fuí, I didn't go   **al circo,** to the circus

See previous page for vocabulary.

¿Fué al circo?
Sí, fuí al circo.

¿Fué al circo con Roberto?
Sí, fuí al circo con Roberto.

¿Fué al circo en avión?
No, eso es ridículo. No fuí al
    circo en avión.

¿Fué al circo en taxi?
Si, fuí al circo en taxi.

¿Fué al circo esta mañana?
No, no fuí al circo esta mañana.

¿Fué al despacho?
No, no fuí al despacho.

fuí, I went   **fuimos,** we went
¿fué? did you go?   **fueron,** they went

EXERCISE

Answer the following questions:

1. ¿Fué al cine?

2. ¿Fué a la iglesia?

3. ¿Fué al banco?

4. ¿Fué al despacho esta mañana?

5. ¿Fué al despacho en avión?

6. ¿Fué al circo?

7. ¿Fué al circo en taxi?

8. ¿Fué al concierto el domingo?

The correct answers are on the next page.

Answers to the questions on the previous page.

1. Sí, fuí al cine.

2. Sí, fuí a la iglesia.

3. Sí, fuí al banco.

4. Sí, fuí al despacho esta mañana.

5. No, no fuí al despacho en avión.

6. Sí, fuí al circo.

7. Sí, fuí al circo en taxi.

8. Sí, fuí al concierto el domingo.

voy a, I'm going (to)

estudiar, to study
hablar, to speak
en la clase, in the class
en la fiesta, at the party

cantar, to sing
comprar, to buy
bailar, to dance
español, Spanish

Voy a hablar español
en la clase.

Voy a bailar en la
fiesta.

Voy a estudiar español
en la clase.

Voy a cantar en la
fiesta.

Notice that the TO form of the verbs above ends in **ar.**
Examples: **estudiar,** TO study; **hablar,** TO speak;
cantar, TO sing; **comprar,** TO buy

¿Va a hablar español? *Are you going to speak Spanish?*

112

quiero, I want

nadar, to swim
caminar, to walk
trabajar, to work
dejar, to leave

mañana, tomorrow
la valija, the suitcase
con, with
en el campo, in the country

Quiero dejar el paquete en el hotel.

Quiero dejar la valija en el hotel.

Quiero nadar mañana.

Quiero caminar en el campo.

Quiero trabajar mañana.
Quiero trabajar con Roberto.

Notice that the verbs above end in **ar. Trabajar,** TO work; **dejar,** TO leave; **caminar,** TO walk; **nadar,** TO swim.

¿Quiere nadar? *Do you want to swim?*
¿Quiere dejar la valija? *Do you want to leave the suitcase?*

113

voy a, I'm going (to)

preparar, to prepare

viajar, to travel

invitar a, to invite

visitar a, to visit

llevar, to carry

pagar, to pay

pollo, chicken

la cuenta, the bill

Voy a preparar pollo. Voy a preparar salmón.

Voy a llevar la valija. Voy a pagar la cuenta.

¿Va a preparar pollo? *Are you going to prepare chicken?*

¿Va a preparar salmón? *Are you going to prepare salmon?*

¿Va a pagar la cuenta? *Are you going to pay the bill?*

Voy a viajar en México. *I am going to travel in Mexico.*

Voy a invitar a María. *I am going to invite Mary.*

Voy a visitar a Roberto. *I am going to visit Robert.*

Notice that there is a letter **a** after **invitar** and **visitar.**
This is called a personal **a.** It is used when persons
follow verbs.

114

Combine the words in the left column with the words in the right column to form sentences. Follow the examples given below.

voy a, I'm going
¿va a? are you going?
va a, he, she is going
tengo que, I have (to)
tiene que, he, she has (to)
quiero, I want (to)
¿quiere? do you want (to)?
puedo, I can
no puedo, I can't
me gusta, I like (to)
me gustaría, I would
    like (to)
me encanta, I love (to)
debo, I should, ought,
    must
debe, you should, ought,
    must

nadar, to swim
cantar, to sing
estudiar, to study
trabajar, to work
ir, to go
invitar a, to invite
visitar a, to visit
comprar, to buy
tomar, to take
caminar, to walk
pagar, to pay
hablar, to speak
bailar, to dance
dejar, to leave (a thing
    or person)

EXAMPLES:
Voy a nadar. *I'm going to swim.*
No puedo ir. *I can't go.*
Me encanta nadar. *I love to swim.*
Tengo que trabajar. *I have to work.*
Quiero invitar a Roberto. *I want to invite Robert.*

You can form a great number of sentences combining the words in the columns above.

voy a, I'm going (to)
¿va a? are you going (to)?

vender, to sell
la lancha, the boat

¿Va a vender la casa?
Sí, voy a vender la
casa.

¿Va a vender la lancha?
Sí, voy a vender la
lancha.

¿Va a vender el auto?
Sí, voy a vender el
auto.

¿Va a vender los
boletos?
Sí, voy a vender los
boletos.

The word for "ticket" is **el boleto** in Latin America and
el billete in Spain.

voy a, I'm going (to)
¿va a? are you going (to)?

leer, to read	**el periódico,** the
comprender,	newspaper
to understand	**la revista,** the magazine
la novela, the novel	**el artículo,** the article

¿Va a leer la revista?
Sí, voy a leer la revista.

¿Va a leer el menú?
Sí, voy a leer el menú.

¿Va a leer el periódico?
Sí, voy a leer el
  periódico.

¿Va a leer el libro?
Sí, voy a leer el libro.

Voy a leer la novela.
Voy a leer el artículo.
Voy a comprender la conversación.

voy a, I'm going (to)
¿**va** a? are you going (to)?

escribir, to write
recibir, to receive

una carta, a letter
una tarjeta postal,
  a postcard

¿Va a escribir una
  carta?
Sí, voy a escribir una
  carta.

¿Va a recibir una
  tarjeta postal?
Sí, voy a recibir una
  tarjeta postal.

¿Va a recibir un cable?
Sí, voy a recibir un cable.

¿Va a recibir un telegrama?
Sí, voy a recibir un telegrama.

¿Va a recibir una carta?
Sí, voy a recibir una carta.

¿Va a escribir una carta en español?
Sí, voy a escribir una carta en español.

¿Va a escribir un poema?
Sí, voy a escribir un poema.

Combine the words in the left column with the words in the right column to form sentences. Follow the examples given below.

voy a, I'm going (to)	**vender,** to sell
¿va a? are you going (to)?	**leer,** to read
tengo que, I have (to)	**escribir,** to write
tiene que, he, she has (to)	**ir,** to go
quiero, I want (to)	**comprender,**
¿quiere? do you want (to)?	to understand
puedo, I can	**recibir,** to receive
no puedo, I can't	**estudiar,** to study
me gusta, I like (to)	**trabajar,** to work
me gustaría, I would	**caminar,** to walk
like (to)	**hablar,** to speak
me encanta, I love (to)	**comprar,** to buy
debo, I should, ought,	**dejar,** to leave (a person
must	or thing)

EXAMPLES:
Voy a vender el auto. *I'm going to sell the car.*
Tengo que escribir una carta. *I have to write a letter.*
Quiero leer el artículo. *I want to read the article.*
Me gustaría ir a México. *I would like to go to Mexico.*

The TO form of Spanish verbs ends in **ar, er** or **ir.** (See right column above.) This is the infinitive.

You can make up a great number of sentences combining the words in the two columns above.

119

EXERCISE

Answer the following questions:

1. ¿Va a vender la casa?

2. ¿Va a vender la lancha?

3. ¿Va a vender los boletos?

4. ¿Va a leer el libro?

5. ¿Va a leer el periódico?

6. ¿Va a leer la revista?

7. ¿Va a escribir una carta?

8. ¿Va a recibir una tarjeta postal?

The correct answers are on the next page.

voy a vender, I'm going to sell   **voy a leer, I'm going to read**

Answers to the questions on the previous page:

1. Sí, voy a vender la casa.

2. Sí, voy a vender la lancha.

3. Sí, voy a vender los boletos.

4. Sí, voy a leer el libro.

5. Sí, voy a leer el periódico.

6. Sí, voy a leer la revista.

7. Sí, voy a escribir una carta.

8. Sí, voy a recibir una tarjeta postal.

¿estudió? did you study?   estudié, I studied
¿compró? did you buy?   compré, I bought
¿pagó? did you pay?   pagué, I paid
¿nadó? did you swim?   nadé, I swam
hoy, today   una bata, a bathrobe

¿Estudió hoy?
Sí, estudié hoy.

¿Pagó la cuenta hoy?
Sí, pagué la cuenta hoy.

¿Nadó hoy?
Sí, nadé hoy.

¿Compró una bata hoy?
Sí, compré una bata
hoy.

Notice that all the verbs in the questions above end in ó. All the verbs in the answers end in é. In the past tense, AR verbs end in é when you speak of yourself, and ó when you speak of anyone else (singular).

Roberto nadó hoy. *Robert swam today.*

122

¿compraron? did they buy?
compraron, they bought
¿trabajaron? did they work?
trabajaron, they worked

¿alquilaron? did they rent?
alquilaron, they rented
una lancha, a boat
anoche, last night

¿Compraron una lancha?
Sí, compraron una lancha.

¿Compraron una casa?
Sí, compraron una casa.

¿Alquilaron una lancha?
Sí, alquilaron una lancha.

¿Alquilaron una casa?
Sí, alquilaron una casa.

¿Trabajaron anoche?
Sí, trabajaron mucho anoche.

Alquilar (to rent)

I rented	alquilé	alquilamos	we rented
you rented, he rented, she rented	alquiló	alquilaron	they rented

¿dejó? did you leave?
dejé, I left
¿dónde dejó? where did you leave?
en la mesa, on the table

en el hotel, at the hotel
en el teatro, at the theatre
en el banco, at the bank
el portafolio, the briefcase

¿Dejó la valija en el hotel?
Sí, dejé la valija en el hotel.

¿Dejó los guantes en el teatro?
No, no dejé los guantes en el teatro.

¿Dejó el portafolio en el banco?
Sí, dejé el portafolio en el banco.

¿Dejó la llave en la mesa?
Sí, dejé la llave en la mesa.

¿Dóndé dejó la valija?
Dejé la valija en el hotel.

¿Dónde dejó los guantes?
¿Dónde dejó la llave?

124

¿dejaron? did you (plural) leave? did they leave?
dejamos, we left
el dinero, the money

el pasaporte, the passport
la pipa, the pipe
en la mesa, on the table
en casa, at home

¿Dejaron el dinero en el banco?
Sí, dejamos el dinero en el banco.

¿Dejaron el perro en casa?
Sí, dejamos el perro en casa.

¿Dónde dejaron el auto?
Where did they leave the car?
Dejaron el auto en el garage.
They left the car in the garage.

¿Dónde dejaron el dinero?
Dejaron el dinero en la mesa.

¿Dónde dejaron la pipa?
Dejaron la pipa en la mesa.

¿Dónde dejaron el pasaporte?
Dejaron el pasaporte en el hotel.

¿Dónde dejaron el perro?
Dejaron el perro en casa.

Dejar (to leave)

I left	dejé	dejamos	we left
you left, he left, she left	dejó	dejaron	they left

¿tomó? did you take
    (have)?
tomé, I took (had)
en casa, at home
té, tea

el desayuno, breakfast
el almuerzo, lunch
la cena, dinner, supper
esta mañana, this
    morning

¿Tomó té esta
    mañana?
Sí, tomé té esta
    mañana.

¿Tomó café esta
    mañana?
Sí, tomé café esta
    mañana.

¿Tomó el desayuno esta mañana?
Sí, tomé el desayuno esta mañana.

¿Tomó el desayuno en el hotel?
No, no tomé el desayuno en el hotel. Tomé el
    desayuno en casa.

¿Tomó el almuerzo en casa?
Sí, tomé el almuerzo en casa.

¿Tomó la cena en casa?
No, no tomé la cena en casa. Tomé la cena en
    el hotel.

¿Tomó la cena en el restaurante?
Sí, tomé la cena en el restaurante.

126

¿tomaron? did you (plural) take (have)?
tomamos, we took (had)
para el desayuno, for breakfast

huevos fritos, fried eggs
pan tostado, toast
jugo de naranja, orange juice
en casa, at home

¿Tomaron café para el desayuno?
Sí, tomamos café para el desayuno.

¿Tomaron huevos fritos para el desayuno?
Sí, tomamos huevos fritos para el desayuno.

¿Tomaron jugo de naranja para el desayuno?
Sí, tomamos jugo de naranja para el desayuno.

¿Tomaron pan tostado para el desayuno?
Sí, tomamos pan tostado para el desayuno.

¿Tomaron el desayuno en el restaurante?
No, no tomamos el desayuno en el restaurante.
Tomamos el desayuno en casa.

EXERCISE

Answer the following questions:

1. ¿Compró una bata?

2. ¿Compró una lancha?

3. ¿Dejó la valija?

4. ¿Dejó los guantes?

5. ¿Tomó huevos fritos?

6. ¿Tomó pan tostado?

7. ¿Tomó café esta mañana?

8. ¿Nadó esta mañana?

The correct answers are on the next page.

compré, I bought   **dejé**, I left
nadé, I swam   **tomé**, I took (had)

Answers to the questions on the previous page:

1. Sí, compré una bata.
   No, no compré una bata.

2. Sí, compré una lancha.
   No, no compré una lancha.

3. Sí, dejé la valija.
   No, no dejé la valija.

4. Sí, dejé los guantes.
   No, no dejé los guantes.

5. Sí, tomé huevos fritos.
   No, no tomé huevos fritos.

6. Sí, tomé pan tostado.
   No, no tomé pan tostado.

7. Sí, tomé café esta mañana.
   No, no tomé café esta mañana.

8. Sí, nadé esta mañana.
   No, no nadé esta mañana.

EXERCISE

Answer the following questions:

1. ¿Alquilaron una lancha?

2. ¿Alquilaron una casa?

3. ¿Dejaron el automóvil?

4. ¿Dejaron los guantes?

5. ¿Dejaron el perro?

6. ¿Tomaron jugo de naranja?

7. ¿Tomaron pan tostado?

8. ¿Tomaron huevos fritos?

The correct answers are on the next page.

alquilaron, they rented

alquilamos, we rented

dejamos, we left

tomamos, we took (had)

Answers to the questions on the previous page:

1. Sí, alquilamos una lancha.
   Sí, alquilaron una lancha.

2. Sí, alquilamos una casa.
   Sí, alquilaron una casa.

3. Sí, dejamos el automóvil.
   Sí, dejaron el automóvil.

4. Sí, dejamos los guantes.
   Sí, dejaron los guantes.

5. Sí, dejamos el perro.
   Sí, dejaron el perro.

6. Sí, tomamos jugo de naranja.
   Sí, tomaron jugo de naranja.

7. Sí, tomamos pan tostado.
   Sí, tomaron pan tostado.

8. Sí, tomamos huevos fritos.
   Sí, tomaron huevos fritos.

¿recibió? did you receive?	recibí, I received
¿escribió? did you write?	escribí, I wrote
¿vendió? did you sell?	vendí, I sold
¿vió? did you see?	ví, I saw
	hoy, today

¿Vendió la lancha hoy?
Sí, vendí la lancha hoy.

¿Escribió la carta hoy?
Sí, escribí la carta hoy.

¿Recibió el paquete hoy?
Sí, recibí el paquete hoy.

¿Vió el programa de televisión?
Sí, ví el programa de televisión.

Notice that all the verbs in the questions above end in ió. All the verbs in the answers end in í. In the past tense, **er** and **ir** verbs end in í when you speak of yourself, and in ió when you speak of anyone else (singular).

Enrique vendió la lancha. *Henry sold the boat.*

¿qué recibió? what did you receive?
para su cumpleaños, for your birthday
para la Navidad, for Christmas
recibí, I received

una caja, a box
un regalo muy bonito, a very pretty present
una botella, a bottle
una billetera, a billfold
un portafolio, a briefcase

¿Qué recibió para su cumpleaños?
Recibí una caja de chocolates para mi cumpleaños.

¿Qué recibió para la Navidad?
Recibí una botella de perfume para la Navidad.

¿Qué recibió para su cumpleaños?
Recibí una billetera para mi cumplea-ños.

¿Qué recibió para la Navidad?
Recibí un portafolio para la Navidad.

Recibí un regalo muy bonito para mi cumpleaños.
Recibí un regalo muy bonito para la Navidad.

¿vió? did you see?
ví, I saw
mi sombrero nuevo,
   my new hat

la estatua, the statue
la pintura, the painting
su traje, your suit (man's
   or woman's)

¿Vió la pintura?
Sí, ví la pintura.

¿Vió la estatua?
Sí, ví la estatua.

¿Vió mi sombrero
   nuevo?
Sí, ví su sombrero
   nuevo.

¿Vió mi traje nuevo?
Sí, ví su traje nuevo.

¿Vió mi auto nuevo?
Sí, ví su auto nuevo.

¿Vió el accidente?
No, por fortuna no ví el accidente.

¿Vió a Roberto?
Sí, ví a Roberto.

¿Qué vieron los niños? What did the children see?
los niños vieron, the children saw
en el circo, in the circus   **muy chistoso,** very funny
un payaso, a clown   **un mono,** a monkey

¿Qué vieron los niños en el
  circo?
Los niños vieron un payaso en
  el circo.
¿Es chistoso el payaso?
Sí, el payaso es muy chistoso.
  ¡Ja, ja, ja!

¿Qué vieron los niños en el
  circo?
Los niños vieron un elefante en
  el circo.
¿Es grande el elefante?
Sí, el elefante es grande.
El elefante es un animal muy
  grande.

¿Qué vieron los niños en el
  circo?
Los niños vieron un mono en el
  circo.
¿Es chistoso el mono?
Sí, el mono es muy chistoso. El
  mono es un animal muy
  chistoso.

Note: ¡Ja, ja, ja! is pronounced Ha, ha, ha!

¿vieron? did you (plural) see?
vimos, we saw
una comedia, a play
un cine, a movie

es, it is, is it?
el edificio, the building
muy, very
anoche, last night
interesante, interesting

¿Vieron el edificio?
Sí, vimos el edificio.
¿Es moderno el edificio?
Sí, el edificio es muy moderno.

¿Vieron una comedia anoche?
Sí, vimos una comedia muy
    interesante anoche.

¿Vieron un cine anoche?
Sí, anoche vimos un cine muy
    interesante.

Ver (to see)

I saw	ví	vimos	we saw
you saw, he saw, she saw	vió	vieron	you (pl.) saw, they saw

¿escribieron? did you (plural) write?

¿vendieron? did you (plural) sell?

escribimos, we wrote

vendimos, we sold

para, for

esta mañana, this morning

las frases, the sentences

la casa, the house

¿Escribieron las cartas esta mañana?

Sí, escribimos las cartas esta mañana.

¿Vendieron la bicicleta?

Sí, vendimos la bicicleta esta mañana.

¿Escribieron las frases para la clase?
Sí, escribimos las frases para la clase.

¿Escribieron una composición para la clase?
Sí, escribimos una composición para la clase.

¿Vendieron la casa?
No, no vendimos la casa.

Vender (to sell)

I sold	vendí	vendimos	we sold
you sold, he sold, she sold	vendió	vendieron	you (pl.) sold, they sold

Escribir (to write)

I wrote	escribí	escribimos	we wrote
you wrote, he wrote, she wrote	escribió	escribieron	you (pl.) wrote they wrote

EXERCISE

Answer the following questions:

1. ¿Vió la estatua?

2. ¿Vió el traje?

3. ¿Vió el sombrero?

4. ¿Recibió el paquete?

5. ¿Escribió la carta?

6. ¿Recibió una caja de chocolates?

7. ¿Recibió una botella de perfume?

8. ¿Vendió la lancha?

The correct answers are on the next page.

ví, I saw **recibí,** I received
escribí, I wrote **vendí,** I sold

Answers to the questions on the previous page:

1. Sí, ví la estatua.
   No, no ví la estatua.

2. Sí, ví el traje.
   No, no ví el traje.

3. Sí, ví el sombrero.
   No, no ví el sombrero.

4. Sí, recibí el paquete.
   No, no recibí el paquete.

5. Sí, escribí la carta.
   No, no escribí la carta.

6. Sí, recibí una caja de chocolates.

7. Sí, recibí una botella de perfume.

8. Sí, vendí la lancha.

¿vieron? did you (plural) see? did they see?

EXERCISE

Answer the following questions:

1. ¿Vieron el payaso?

2. ¿Vieron el mono?

3. ¿Vieron el sombrero?

4. ¿Escribieron las cartas?

5. ¿Vendieron la bicicleta?

6. ¿Vendieron la casa?

7. ¿Recibieron el paquete?

8. ¿Recibieron una caja de chocolates?

The correct answers are on the next page.

vimos, we saw **vendimos,** we sold
vieron, they saw **vendieron,** they sold
escribimos, we wrote **recibimos,** we received
escribieron, they wrote **recibieron,** they received

Answers to the questions on the previous page:

1. Sí, vimos el payaso.
   Sí, vieron el payaso.

2. Sí, vimos el mono.
   Sí, vieron el mono.

3. Sí, vimos el sombrero.
   Sí, vieron el sombrero.

4. Sí, escribimos las cartas.
   Sí, escribieron las cartas.

5. Sí, vendimos la bicicleta.
   Sí, vendieron la bicicleta.

6. Sí, vendimos la casa.
   Sí, vendieron la casa.

7. Sí, recibimos el paquete.
   Sí, recibieron el paquete.

8. Sí, recibimos una caja de chocolates.
   Sí, recibieron una caja de chocolates.

¿Qué hizo? What did you do?

jugué, I played

trabajé, I worked

ví, I saw

el jardín, the garden

esta mañana, this morning

esta noche, tonight

hoy, today

la cama, the bed

¿Qué hizo esta mañana?
Esta mañana jugué tenis.

¿Qué hizo esta mañana?
Esta mañana trabajé en el jardín.

¿Qué hizo hoy?
Jugué golf hoy.

¿Qué hizo esta noche?
Esta noche ví un programa de televisión.

Hacer (to make, to do)

I did, I made	hice	hicimos	we did, made
you, he, she did, made	hizo	hicieron	they did, made

Hice limonada. *I made lemonade.*

Hice mucho trabajo. *I did a lot of work.*

Hice la cama. *I made the bed.*

142

¿Qué hizo? What did you do?

leí, I read (past)   **esta tarde,** this afternoon
oí, I heard   **esta noche,** tonight
fuí, I went   **ayer,** yesterday
la playa, the beach

¿Qué hizo ayer?
Ayer fuí a la playa.

¿Qué hizo ayer?
Ayer fuí al cine,

¿Qué hizo esta noche?
Esta noche oí un pro-
  grama de radio.
Oí una opera.

¿Qué hizo esta tarde?
Esta tarde leí el
  periódico.

Oír (to hear)

I heard	oí	oímos	we heard
you heard, he heard, she heard	oyó	oyeron	you (pl.) heard, they heard

Leer (to read)

I read (past)	leí	leímos	we read
you read, he read, she read	leyó	leyeron	you (pl.) read, they read

143

¿dónde puso? where did you put?
puse, I put (past)
el pan, the bread

la pimienta, the pepper
la sal, the salt
en la mesa, on the table

¿Dónde puso la sal?
Puse la sal en la mesa.

¿Dónde puso el pan?
Puse el pan en la mesa.

¿Dónde puso la pimienta?
Puse la pimienta en la mesa.

¿Dónde puso el vaso?
Puse el vaso en la mesa.

Poner (to put)

puse, I put (past)

Puse la sal en la mesa.

puso, you, he, she put

María puso el pan en la mesa.

pusimos, we put

Pusimos el pan en la mesa.

pusieron, they put

Pusieron el pan en la mesa.

144

¿Dónde estuvo? Where were you?

estuve, I was
ví, I saw
jugué, I played
trabajé, I worked
mucho, much, a lot
en el despacho, at the
    office

esta mañana, this
    morning
esta noche, tonight
toda la noche, all night
toda la tarde, all
    afternoon

¿Dónde estuvo esta mañana?
Esta mañana estuve en el club.
Jugué golf toda la mañana.

¿Dónde estuvo esta tarde?
Esta tarde estuve en el
    despacho.
Trabajé toda la tarde. Trabajé
    mucho.

¿Dónde estuvo esta noche?
Esta noche estuve en el cine.
Ví un cine excelente esta noche.

Estar, to be (in a place)

I was	estuve	estuvimos	we were
you were, he was, she was	estuvo	estuvieron	they were

¿tuvo? did you have?
el sábado, on Saturday
tuve, I had
no tuve, I didn't have
visitas, company
catarro, a cold
qué terrible, how terrible

una fiesta linda,
a lovely party
esta mañana, this
morning
esta semana, this week
mucho trabajo, a lot of
work

¿Tuvo una fiesta el sábado?
Sí, tuve una fiesta linda el sábado.

¿Tuvo visitas el sábado?
Sí, tuve visitas el sábado.

¿Tuvo catarro esta semana?
Sí, tuve catarro esta semana. ¡Qué terrible!

¿Tuvo mucho trabajo esta semana?
Sí, tuve mucho trabajo esta semana. ¡Qué terrible!

¿Tuvo visitas esta mañana?
Sí, tuve visitas esta mañana.

¿Tuvo una fiesta esta mañana?
No, no tuve una fiesta esta mañana.

Tener (to have)

tuve, I had
tuvo, you, he, she had
tuvimos, we had
tuvieron, they had

Tuve mucho trabajo.
María tuvo una fiesta.
Tuvimos una fiesta.
Tuvieron una fiesta.

¿vino? did you come?	la semana pasada,
vine, I came	last week
no vine, I didn't come	no tuve tiempo, I didn't
no pude, I couldn't	have time
a la fiesta, to the party	a la playa, to the beach
al campo, to the country	a la clase, to the class

¿Vino a la playa la semana pasada?
No, no vine a la playa la semana pasada. No
pude. No tuve tiempo.

¿Vino a la clase la semana pasada?
Sí, vine a la clase la semana pasada.

¿Vino a la fiesta la semana pasada?
No, no vine a la fiesta la semana pasada. No pude.
No tuve tiempo.

¿Vino al campo la semana pasada?
No, no vine al campo la semana pasada. No pude.
No tuve tiempo.

¿Vino al club la semana pasada?
Sí, vine al club la semana pasada.

Venir (to come)	Poder (to be able)
vine, I came	pude, I could
vino, you, he, she came	pudo, you, he, she could
vinimos, we came	pudimos, we could
vinieron, they came	pudieron, they could

147

EXERCISE

Translate the following sentences:

1. What did you do this morning?

2. This morning I played golf.

3. I read the newspaper this morning.

4. I went to the movies yesterday.

5. I put the salt on the table.

6. I put the glass on the table.

7. I was at home.

8. I was in the office.

9. I had a party.

10. I came to the beach.

The translation of these sentences is on the next page.

¿hizo? did you do?
leí, I read (past)
fuí, I went
tuve, I had

jugué, I played
puse, I put (past)
estuve, I was
vine, I came

Translation of the sentences on the previous page:

1. ¿Qué hizo esta mañana?

2. Esta mañana jugué golf.

3. Leí el periódico esta mañana.

4. Fuí al cine ayer.

5. Puse la sal en la mesa.

6. Puse el vaso en la mesa.

7. Estuve en casa.

8. Estuve en el despacho.

9. Tuve una fiesta.

10. Vine a la playa.

le, to you, to him, to her

¿Qué le trajo? What did you bring him? (To him what did you bring?)

¿Qué le dijo? What did you tell him? (To him what did you say?)

le traje, I brought (to) him

le dije, I said to him, I told him

que era, that it was

interesante, interesting

¿Qué le trajo?
Le traje un libro.

¿Qué le trajo?
Le traje un disco.

¿Qué le dijo?
Le dije que era interesante.

¿Qué le dijo?
Le dije que era terrible.
Le dije que era excelente.
Le dije que era imposible.
Le dije que era formidable.

Traer (to bring)	**Decir** (to say, to tell)
traje, I brought	**dije,** I said
trajo, you, he, she brought	**dijo,** you, he, she said
trajimos, we brought	**dijimos,** we said
trajeron, they brought	**dijeron,** they said

está, is **el mantel,** the tablecloth
limpio, clean (masculine) **la servilleta,** the napkin
limpia, clean (feminine) **sucio,** dirty (masculine)
la jarra, the pitcher **sucia,** dirty (feminine)

¿Está limpia la cuchara?
Sí, la cuchara está limpia.

¿Está limpio el plato?
Sí, el plato está limpio.

¿Está sucia la servilleta?
No, la servilleta no está sucia.
La servilleta está limpia.

¿Está sucio el mantel?
No, el mantel no está sucio.
El mantel está limpio.

¿Está sucia la jarra?
No, la jarra no está sucia.
La jarra está limpia.

¿Está limpio el vaso?
Sí, el vaso está limpio.

¿Está limpio el cuchillo?
Sí, el cuchillo está limpio.

voy, I'm going
al, to the

al despacho, to the office
a la biblioteca, to the library

el domingo
Sunday, on Sunday

el lunes
Monday, on Monday

Voy a la iglesia el domingo.

Voy al despacho el lunes.

el martes
Tuesday, on Tuesday

el miércoles
Wednesday, on Wednesday

Voy al banco el martes.

Voy a la biblioteca el miércoles.

Use the word **el** (the) before the days of the week.

voy, I'm going

al, to the

el jueves
Thursday, on Thursday

el viernes
Friday, on Friday

Voy al teatro el jueves.

Voy al concierto el viernes.

el sábado
Saturday, on Saturday

mañana
tomorrow

Voy al cine el sábado.

Voy al museo mañana.

Ir (to go)

voy, I am going
va, you are going,
  he, she is going
vamos, we are going
van, they are going

Voy al museo el sábado.
Va al cine mañana.
Roberto va al concierto.
Vamos al teatro mañana.
Van al concierto mañana.

¿**Habla español?** Do you speak Spanish?

¿**habla?** do you speak?
hablo, I speak, I talk

con, with
español, Spanish

¿Habla español **con**
el doctor?
Sí, hablo español **con**
el doctor.

¿Habla español con el
dentista?
No, no hablo español
con el dentista.

¿Habla por teléfono?
Sí, hablo por teléfono.

¿Habla español con el
profesor?
Sí, hablo español con
el profesor.

Hablar (to speak)

hablo, I speak
habla, he, she speaks
hablamos, we speak
hablan, they speak

Hablo español.
María habla español.
Hablamos inglés (English).
Hablan inglés.

el presidente habla, the president speaks
aprisa, fast
¿nada? do you swim?
en el mar, in the sea

despacio, slowly
nado, I swim
en la piscina, in the swimming pool

El presidente habla por televisión.

El presidente habla por radio.

¿Nada en el mar?
Sí, nado en el mar.

¿Nada en la piscina?
Sí, nado en la piscina.

David nada mucho.
María habla despacio.
Alberto habla aprisa.
Roberto habla mucho.
    muy, very
Daniel habla muy aprisa.
David habla muy despacio.

¿Habla despacio Roberto? *Does Robert speak slowly?*

¿dónde trabaja? where do you work?

una **agencia de turismo**,
   a tourist agency
una **fábrica**, a factory
un **despacho**, an office
una **biblioteca**, a library

una **tienda**, a store
una **escuela**, a school
una **universidad**,
   a university

¿Dónde trabaja?
Trabajo en una tienda.

¿Dónde trabaja?
Trabajo en un banco.

¿Dónde trabaja? Trabajo en una agencia de turismo.
¿Dónde trabaja? Trabajo en una escuela.
¿Dónde trabaja? Trabajo en un despacho.

¿Trabaja en un banco? *Do you work in a bank?*
¿Dónde trabaja David? *Where does David work?*
David trabaja en una fábrica. *David works in a factory.*
¿Dónde trabaja María?
María trabaja en una biblioteca.
Alberto trabaja en un garage.
El profesor trabaja en una universidad.

Trabajar (to work)

trabajo, I work
trabaja, you work
   he works
   she works

trabajamos, we work
trabajan, they work

¿dónde compra? where do you buy?
compro, I buy

en la panadería,
    in the bakery
en la zapatería,
    in the shoe store

en la farmacia,
    in the drug store
en la carnicería,
    at the butcher's

¿Dónde compra
    medicinas?
Compro medicinas en
    la farmacia.

¿Dónde compra
    zapatos?
Compro zapatos en la
    zapatería.

¿Dónde compra el
    pan?
Compro el pan en la
    panadería.

¿Dónde compra la
    carne?
Compro la carne en la
    carnicería.

Comprar (to buy)

compro, I buy
compra, you buy
        he buys
        she buys

compramos, we buy
compran, they buy

EXERCISE

Answer the following questions:

1. ¿Habla español con el doctor?

2. ¿Habla por teléfono?

3. ¿Dónde compra zapatos?

4. ¿Dónde compra medicinas?

5. ¿Dónde compra el pan?

6. ¿Dónde compra la carne?

7. ¿Está limpia la cuchara?

8. ¿Está limpio el cuchillo?

The correct answers are on the next page.

¿habla español? Do you speak Spanish?

compro, I buy
limpio, clean

Answers to the questions on the previous page:

1. Sí, hablo español con el doctor.

2. Sí, hablo por teléfono.

3. Compro zapatos en la zapatería.

4. Compro medicinas en la farmacia.

5. Compro el pan en la panadería.

6. Compro la carne en la carnicería.

7. Sí, la cuchara está limpia.

8. Sí, el cuchillo está limpio.
   No, el cuchillo no está limpio.

The present tense of **ar** verbs is formed by removing the ar and adding the following endings:

I	o	amos	we
you, he, she, it	a	an	you (plural) they

EXAMPLES

Comprar (to buy)

I buy	compro	compramos	we buy
you buy he buys she buys	compra	compran	you (plural) buy they buy

Below you will find the complete translation of the above chart.

Compro, I buy, do I buy?
Compra, you buy, do you buy?
he buys, does he buy?
she buys, does she buy?

Compramos, we buy, do we buy?
Compran, you (plural) buy, do you (plural) buy?
they buy, do they buy?

All present tense verbs receive the stress on the next to the last syllable: COM-pro, COM-pra, com-PRA-mos, COM-pran.

LIST OF REGULAR "AR" VERBS

To form the present tense of these verbs, remove AR and add the following endings.

I	o	amos	we
you, he, she, it	a	an	you (plural) they

hablar, to speak
comprar, to buy
estudiar, to study
nadar, to swim
cantar, to sing
bailar, to dance
viajar, to travel
trabajar, to work
preparar, to prepare
invitar, to invite
visitar, to visit
dejar, to leave (a thing)
saludar, to greet
estacionar, to park
usar, to use
llamar, to call
mirar, to look at
esperar, to hope, to wait

ayudar, to help
preguntar, to ask
cambiar, to change
ganar, to earn
mandar, to send
lavar, to wash
planchar, to iron
alquilar, to rent
caminar, to walk
votar, to vote
importar, to import
exportar, to export
entrar, to go in
fumar, to smoke
tomar, to take
llevar, to carry
regresar, to return
contestar, to answer

EVERYDAY EXPRESSIONS

Una vez. Once. One time.

Dos veces. Twice. Two times.

Muchas veces. Many times.

Unas veces. Sometimes.

De vez en cuando. Once in a while.

Otra vez. Again. Another time.

Tal vez. Maybe.

Esta vez. This time.

Esa vez. That time.

Todo. Everything. All.

Es todo. That's all.

Nada. Nothing.

Sin. Without.

Siempre. Always.

Nunca. Never.

Necesito. I need.

¿Qué necesita? What do you need?

Está bien. It's alright. It's O.K.

Con permiso. Excuse me. (With permission)

Depende. It depends.

Ya. Already.

Seguro. Sure.

No importa. It doesn't matter.

Lo siento. I'm sorry. (I feel it.)

Creo que sí. I think so. I believe so.

Creo que no. I don't think so.

Espero que sí. I hope so.

¿a qué hora? at what time? at what hour?
es, is
la fiesta, the party

a las dos, at two o'clock
el concierto, the concert
el cine, the movie
la cita, the appointment

¿A qué hora es la fiesta?

A las cinco.

¿A qué hora es el concierto?

A las ocho.

¿A qué hora es el cine?

A las nueve.

¿A qué hora es la cita?
La cita es a las ocho.

¿vende? do you sell?
no vendo, I don't sell
¿lee usted? do you read?
leo, I read
en la clase, in class
ay no, oh no

¿comprende? do you understand?
comprendo, I understand
¿aprende? do you learn?
aprendo, I learn

¿Lee usted el periódico en la clase?
Ay no, no leo el periódico en la clase.

¿Lee usted el libro en la clase?
Sí, leo el libro en la clase.

¿Aprende usted español en la clase?
Sí, aprendo español en la clase.

¿Comprende usted la conversación?
Sí, comprendo la conversación.

¿Vende usted autos?
Ay no, no vendo autos.

¿Lee mucho en la clase?
Sí, leo mucho en la clase.

In the questions above you can either use or drop the word **usted** (you). You hear both forms in ordinary conversation.

¿escribe usted? do you
write?
escribo, I write
a máquina, on the
typewriter

con lápiz, with a pencil
con pluma, with a pen
¿dónde vive? where do
you live?
vivo, I live

¿Escribe usted con
lápiz?
Sí, escribo con lápiz.

¿Escribe usted a
máquina?
Sí, escribo a
máquina.

¿Escribe usted con pluma?
Sí, escribo con pluma.

¿Escribe usted mucho?
Sí, escribo mucho.

¿Dónde vive?
Vivo en Nueva York (New York).

¿Dónde vive el presidente?
El presidente vive en la Casa Blanca (the White
House).

The present tense of **er** verbs is formed by removing the **er** and adding the following endings:

I	**o**	**emos**	we
you, he, she, it	**e**	**en**	you (plural) they

EXAMPLE

Vender (to sell)

I sell	**vendo**	**vendemos**	we sell
you sell, he sells, she sells	**vende**	**venden**	you (plural) sell they sell

LIST OF REGULAR "ER" VERBS

vender, to sell
proceder, to proceed
ofender, to offend
correr to run
depender, to depend

comprender, to understand
aprender, to learn
leer, to read

Note: LEER is regular in the present, but irregular in other tenses.

I read	**leo**	**leemos**	we read
you read he reads she reads	**lee**	**leen**	you (plural) read they read

All present tense verbs receive the stress on the next to the last syllable: VEN-do, a-PREN-do, LE-o, LE-e, LE-emós, LE-en.

The present tense of **ir** verbs is formed by removing the **ir** and adding the following endings:

I	o	imos	we
you, he, she, it	e	en	you (plural) they

EXAMPLE

Vivir (to live)

I live	vivo	vivimos	we live
you live, he, she, it lives	vive	viven	you (plural) live they live

LIST OF REGULAR "IR" VERBS

escribir, to write
vivir, to live
subir, to go up
aplaudir, to applaud
describir, to describe
sufrir, to suffer
ocurrir, to happen
decidir, to decide
recibir, to receive
persuadir, to persuade
insistir, to insist
dividir, to divide
existir, to exist
permitir, to permit

These irregular verbs end in GO in the first person of the present tense.

tener, to have	tengo, I have
venir, to come	vengo, I come
poner, to put	pongo, I put
caer, to fall	caigo, I fall
traer, to bring	traigo, I bring
oír, to hear	oigo, I hear
salir, to go out, to leave	salgo, I go out, I leave
hacer, to do, to make	hago, I do, I make
decir, to say	digo, I say

a la clase, to the class	la lección, the lesson
a tiempo, on time	el trabajo, the work

Vengo a la clase a tiempo.

Traigo el libro a la clase.

Tengo un auto.
Vengo a la clase tarde.
Pongo el libro en la mesa. *(on the table)*
Oigo la música.
Salgo tarde.
Hago el trabajo.
Digo muchas cosas. *I say many things.*

Hacer (to do, to make)

I do	hago	hacemos	we do
you do, he, she does	hace	hacen	you (plural) do, they do

Hace calor. It's hot. (It makes heat.)
Hace frío. It's cold. (It makes cold.)
Hace fresco. It's cool.
Hace mucho calor. It's very hot.
Hace viento. It's windy.

In the following expressions HACE is the equivalent of AGO.

Hace un minuto. A minute ago.
Hace una hora. An hour ago. (It makes an hour.)
Hace una semana. A week ago.
Hace un mes. A month ago.
Hace un año. A year ago.
Hace mucho tiempo. A long time ago.
Hace poco tiempo. A short time ago.
Hace ocho días. A week ago (eight days ago).
Hace quince días. Two weeks ago (fifteen days ago).
Ayer hizo calor. It was hot yesterday.
Ayer hizo frío. It was cold yesterday.
Ayer hizo viento. It was windy yesterday.
Ayer hizo mucho calor. It was very hot yesterday.

¿A qué hora sale el tren?
At what time does the train leave?
(At what hour leaves the train?)

¿A qué hora sale el
avión?

¿A qué hora sale el
autobús?

¿A qué hora sale el
barco?

¿A qué hora sale el
helicóptero?

¿A qué hora sale el tren?
¿A qué hora sale la excursión?
¿A qué hora sale Roberto?
No sé. *I don't know.*

¿A qué hora llega el tren?
At what time does the train arrive?

a las ocho, at eight o'clock

a las seis, at six o'clock

a las dos, at two o'clock

a las cuatro, at four o'clock

¿A qué hora llega el tren?
A las ocho.

¿A qué hora llega el avión?
A las seis.

¿A qué hora llega el barco?
A las dos.

¿A qué hora llega el autobús?
A las cuatro.

¿A qué hora llega Roberto?
¿A qué hora llega la excursión?
No sé. *I don't know.*
¿Cuándo viene a mi casa?
When are you coming (do you come) to my house?

EXERCISE

Translate the following sentences:

1. At what time is the party?

2. At what time is the concert?

3. Do you read the newspaper?

4. Do you sell cars?

5. At what time does the plane leave?

6. Do you write on a typewriter?

7. Where do you live?

8. I live in New York.

9. I have a dog.

10. I come to the class on time.

11. I leave late.

12. At what time does the train arrive?

The translation of these sentences is on the next page.

Translation of the sentences on the previous page:

1. ¿A qué hora es la fiesta?

2. ¿A qué hora es el concierto?

3. ¿Lee el periódico?
   ¿Lee usted el periódico?

4. ¿Vende autos?
   ¿Vende usted autos?

5. ¿A qué hora sale el avión?

6. ¿Escribe a máquina?
   ¿Escribe usted a máquina?

7. ¿Dónde vive?
   ¿Dónde vive usted?

8. Vivo en Nueva York.

9. Tengo un perro.

10. Vengo a la clase a tiempo.

11. Salgo tarde.

12. ¿A qué hora llega el tren?

los meses, the months
el mes, the month

en enero, in January
en febrero, in February
en marzo, in March
en abril, in April

hay nieve, there is snow
hace frío, it's cold
hace viento, it's windy
hoy, today

En enero hay nieve.

En febrero hace frío.

En marzo hace viento.

En abril hace viento.

Hoy hace frío.
Hoy hace viento.
¿Hace frío en enero? *Is it cold in January?*

los meses, the months
el mes, the month
hoy, today

en mayo, in May
en junio, in June
en julio, in July
en agosto, in August
hay frutas, there is fruit

hay flores, there are flowers
hace calor, it's hot
hace mucho calor, it's very hot

En mayo hay flores.

En junio hay frutas.

En julio hace calor.

En agosto hace mucho calor.

Hoy hace calor.
Hoy hace mucho calor.
¿Hace calor en julio? *Is it hot in July?*

175

los meses, the months
el mes, the month

en septiembre, in
September
en octubre, in October
en noviembre, in
November
en diciembre, in
December

hace viento, it's windy
llueve, it rains
hace frío, it's cold
hace fresco, it's cool
hay nieve, there is snow
está lloviendo, it's
raining

**En septiembre hace
viento.**

**En octubre hace
fresco.**

En noviembre llueve.

**En diciembre hay
nieve.**

¿Está lloviendo?
Sí, está lloviendo.

176

las estaciones del año, the seasons of the year

en el invierno, in the
   winter

en la primavera, in the
   spring

en el verano, in the
   summer

en el otoño, in the
   autumn

hace frío, it's cold

hace fresco, it's cool

hace calor, it's hot

hoy, today

En el invierno hace
frío.

En la primavera hace
fresco.

En el verano hace
calor.

En el otoño hace
fresco.

Hoy hace calor.
Hoy hace frío.
¿Hace frío en el invierno? *Is it cold in the winter?*
Sí, en el invierno hace frío.
¿Hace calor en el verano? *Is it hot in the summer?*

Words in the composition MEXICO on the next page.

un país lindo, a lovely country
hay montañas altas, there are tall mountains
valles inmensos, immense valleys
ciudades maravillosas, marvelous cities
la ciudad, the city
la Ciudad de México, Mexico City
hay, there are
avenidas anchas, wide avenues
parques grandes, large parks
hay fuentes, there are fountains
los edificios, the buildings
son muy interesantes, are very interesting
iglesias antiguas, ancient churches
casas, houses
museos, museums
tiempo colonial, colonial time
construídos, built
arquitectos, architects
el.verano pasado, last summer
fuí, I went
llegué, I arrived
del avión, from the airplane
la vista es maravillosa, the view is marvelous
las torres, the towers
brillan en el sol, shine in the sun
se ven, one sees
mercados, markets
caminé, I walked
ví, I saw
las calles, the streets
muchas cosas interesantes, many interesting things
hablé español, I talked Spanish
con todo el mundo, with everyone
compré regalos, I bought presents
la comida mexicana, Mexican food

Montañas altas

México es un país lindo. En México hay montañas altas, valles inmensos, y ciudades maravillosas. La ciudad principal de México es la Ciudad de México. En la Ciudad de México hay avenidas anchas, fuentes iluminadas, y parques grandes.

Hay fuentes

Los edificios mexicanos son muy interesantes. Hay iglesias antiguas, casas del tiempo colonial, y museos extraordinarios. También hay edificios muy modernos construídos por arquitectos mexicanos.

Hay iglesias antiguas

El verano pasado fuí a México. Llegué a la Ciudad de México en avión. La vista del avión es maravillosa. Las torres de las iglesias brillan en el sol. En la distancia se ven las famosas montañas mexicanas.

En México fuí a las iglesias, a los museos, a los mercados, y a los parques. Caminé por las calles, ví muchas cosas interesantes, hablé español con todo el mundo, y compré regalos para mis amigos.

Hay muchos restaurantes excelentes en México. La comida mexicana es deliciosa.

Hay muchos restaurantes excelentes

EVERYDAY EXPRESSIONS

¿Qué hora es? What time is it?
Es la una. It's one o'clock.
Son las dos. It's two o'clock.
Son las tres. It's three o'clock.
Son las cuatro. It's four o'clock.
Son las cinco. It's five o'clock.
Son las seis. It's six o'clock.
Son las siete. It's seven o'clock.
Son las ocho. It's eight o'clock.
Son las nueve. It's nine o'clock.
Son las diez. It's ten o'clock.
Son las once. It's eleven o'clock.
Son las doce. It's twelve o'clock.
Son las tres y media. It's half past three.
Son las tres y cuarto. It's a quarter past three.
Son las tres y diez. It's three ten.
Falta un cuarto para las tres. It's a quarter to three.
Pase. Come in.
Siéntese, por favor. Please sit down.
Venga acá. Come here.
Hable despacio, por favor. Speak slowly, please.
Adiós. Good-by.
Bueno. O.K., All right.
Buena suerte. Good luck.
Encantado (masc.). **Encantada** (fem.). Delighted.
¡Figúrese! Just imagine!
Me alegro. I'm glad.
Me divertí. I had a good time.
Mire. Look.
Mucho gusto. How do you do (on being introduced).
Nos vemos. I'll be seeing you (we see each other).
Seguro. Sure.

¿está tocando? are you playing? (an instrument)
estoy tocando, I am playing

¿Está tocando el
   piano?
Sí, estoy tocando el
   piano.

¿Está tocando la
   guitarra?
Sí, estoy tocando la
   guitarra.

¿Está tocando el
   acordeón?
No, no estoy tocando
   el acordeón.

¿Está tocando el
   violín?
No, no estoy tocando
   el violín.

Notice that the English ending ING is ANDO for ar
verbs in Spanish. Learn: ING is ANDO.

estudiando, studying   **hablando,** talking
comprando, buying   **cantando,** singing

¿está hablando? are you talking?
estoy hablando, I am talking
¿está estudiando? are you studying?
estoy estudiando español, I am studying Spanish
¿está nadando? are you swimming?
¿está patinando? are you skating?

¿Está hablando por
  teléfono?
Sí, estoy hablando por
  teléfono.

¿Está estudiando
  español?
Sí, estoy estudiando
  español.

¿Está patinando?
No, no estoy
  patinando.

¿Está nadando?
No, no estoy nadando.

estoy nadando, I am swimming
está nadando, you are swimming; he, she, it is
  swimming
estamos nadando, we are swimming
están nadando, they are swimming

¿qué está haciendo? what are you doing?
estoy escribiendo, I am writing
estoy vendiendo, I am selling
estoy aprendiendo español, I am learning Spanish
un artículo, an article
la lección, the lesson

¿Qué está haciendo?
Estoy vendiendo la
   lancha.

¿Qué está haciendo?
Estoy escribiendo una
   carta.

¿Qué está haciendo?
Estoy escribiendo un poema.

¿Qué está haciendo?
Estoy escribiendo un artículo.
Estoy aprendiendo español.
Estoy aprendiendo la lección.
Estoy aprendiendo el poema.

The English ending ING is IENDO for **er** and **ir** verbs.
Learn: ING is IENDO
escribiendo, writing   **viendo,** seeing
recibiendo, receiving   **viviendo,** living

¿qué está haciendo? what are you doing?
¿está leyendo? are you reading?
estoy leyendo, I'm reading
la lista, the menu
una novela, a novel

¿Está leyendo el periódico?
Sí, estoy leyendo el periódico.

¿Está leyendo la revista?
Sí, estoy leyendo la revista.

¿Qué está haciendo?
Estoy leyendo la lista.

¿Qué está haciendo?
Estoy leyendo una novela.

Leyendo (reading) is irregular because it ends in yendo instead of iendo.

EXERCISE

Answer the following questions:

1. ¿Está tocando la guitarra?

2. ¿Está tocando el piano?

3. ¿Está hablando por teléfono?

4. ¿Está estudiando español?

5. ¿Está nadando?

6. ¿Está patinando?

7. ¿Está escribiendo una carta?

8. ¿Está leyendo el periódico?

The correct answers are on the next page.

estoy tocando, I am
   playing
estoy hablando, I am
   talking

estoy escribiendo, I am
   writing
estoy leyendo, I am
   reading

Answers to the questions on the previous page:

1. Sí, estoy tocando la guitarra.
    No, no estoy tocando la guitarra.

2. Sí, estoy tocando el piano.
    No, no estoy tocando el piano.

3. Sí, estoy hablando por teléfono.
    No, no estoy hablando por teléfono.

4. Sí, estoy estudiando español.

5. Sí, estoy nadando.

6. Sí, estoy patinando.

7. Sí, estoy escribiendo una carta.

8. Sí, estoy leyendo el periódico.

¿**ha comprado?** have you
  bought?

he comprado, I have
  bought

¿**ha estudiado?** have you
  studied?

¿**ha pagado?** have you
  paid?

esta semana, this week

todavía, yet, still

¿Ha comprado la
  bicicleta?
No, no he comprado la
  bicicleta todavía.

¿Ha estudiado esta
  semana?
Sí, he estudiado mucho
  esta semana.

¿Ha comprado la casa?
Sí, he comprado la
  casa.

¿Ha pagado la cuenta?
Sí, he pagado la
  cuenta.

  he comprado, I have bought
  ha comprado, you have bought,
              he, she has bought
  hemos comprado, we have bought
  han comprado, they have bought

Notice that the ending of the verbs above is **ado.** This
is the ending for **ar** verbs in this tense.

188

¿ha vendido? have you sold?

he vendido, I have sold

¿ha recibido? have you received?

la lección, the lesson

¿ha aprendido? have you learned?

¿ha vivido? have you lived?

mucho tiempo, a long time

¿Ha vendido el auto?
Sí, he vendido el auto.

¿Ha vendido la lancha?
Sí, he vendido la lancha.

¿Ha recibido el telegrama?
Sí, he recibido el telegrama.

¿Ha recibido el cable?
Sí, he recibido el cable.

¿Ha aprendido la lección?
Sí, he aprendido la lección.

¿Ha vivido en México mucho tiempo?
Sí, he vivido en México mucho tiempo.

he vendido, I have sold

ha vendido, you have sold,
            he, she has sold

hemos vendido, we have sold

han vendido, they have sold

Notice that the ending of the verbs above is **ido**. This is the ending for **er** and **ir** verbs in this tense.

¿ve? do you see?
lo veo, I see it (masc.)
la veo, I see it (fem.)

el barco, the ship
el edificio, the building
la lámpara, the lamp

¿Ve el edificio?
Sí, lo veo.

¿Ve el barco?
Sí, lo veo.

LO means IT (masculine) and HIM.
LA means IT (feminine) and HER.
ME means ME.

Lo veo. I see him.
La veo. I see her.
Lo llamo. I call him.
La llamo. I call her.
Me ve. He sees me.

Lo conozco. I know him.
La conozco. I know her.
Lo quiero. I love him.
La quiero. I love her.
Me conoce. He knows me.

los veo, I see them
(masculine)
las veo, I see them
(feminine)

¿ve? do you see?
los muchachos, the boys
las muchachas, the girls
las estrellas, the stars

¿Ve a los muchachos?
Sí, los veo.

¿Ve a las muchachas?
Sí, las veo.

¿Ve las mariposas?
Sí, las veo.

¿Ve las estrellas?
Sí, las veo.

LOS means THEM, things and people (masculine).
LAS means THEM, things and people (feminine).
NOS means US.

¿Ve a Daniel y a Roberto?
Sí, los veo.

¿Ve a María y a Luisa?
Sí, las veo.

Remember to use the personal a when verbs are followed by persons.

191

le, TO you, TO him, TO her

¿le habló? did you talk to him? to her?
le hablé, I talked to him, to her
¿le escribió? did you write to him? to her?
le escribí, I wrote to him, to her
ayer, yesterday   **esta mañana, this**
hoy, today   morning
esta noche, tonight

¿Le habló a Roberto?
Sí, le hablé ayer.

¿Le habló a María?
Sí, le hablé hoy.

¿Le habló esta mañana?
Sí, le hablé esta mañana.

¿Le habló esta noche?
No, no le hablé esta noche.

¿Le escribió a David?
Sí, le escribí hoy.

¿Le escribió esta mañana?
Sí, le escribí esta mañana?.

Remember: LO means HIM.
                LA means HER.
                LE means TO HIM, TO HER.

les, TO them

¿les habló? did you talk to them?
les hablé, I talked to them
¿les escribió? did you write to them?
les escribí, I wrote to them
hoy, today
esta tarde, this afternoon

¿Les escribió esta tarde?
Sí, les escribí esta tarde.

¿Les escribió hoy?
Sí, les escribí hoy.

¿Les escribió a Roberto y a María?
Sí, les escribí.

¿Les habló a David y a Alicia?
Sí, les hablé hoy.

¿Les habló esta tarde?
Sí, les hablé esta tarde.

to me	ME	NOS	to us
to you, to him, to her	LE	LES	to them

María me habló esta mañana.
Mary talked to me this morning.

Alberto nos escribió la semana pasada.
Albert wrote to us last week.

193

me lo, it to me
se lo, it to you, to him, to her, to them

¿le mandó? did he send (to) you?
me lo mandó, he sent it to me
¿le trajo? did he bring (to) you?
me lo trajo, he brought it to me
¿se lo trajo? did he bring it to you?
hoy, today
el regalo, the present

¿Le mandó el
paquete?
Sí, me lo mandó hoy.

¿Le trajo el paraguas?
Sí, me lo trajo hoy.

¿Le trajo el disco?
Sí, me lo trajo hoy.

¿Le mandó el libro?
Sí, me lo mandó hoy.

¿Le trajo el regalo?
Sí, me lo trajo.

¿Se lo trajo hoy?
Sí, me lo trajo hoy.

Nos lo trajo. *He brought it to us.*
Nos lo mandó. *He sent it to us.*

194

Pronouns are added on to the infinitive to form one word.

Quiero comprarlo. I want to buy it.

Quiero mandarlo. I want to send it.

Quiero mandárselo. I want to send it to you.

Quiero traérselo. I want to bring it to him, her.

Quiero verlo. I want to see it, him.

Quiero hablarle. I want to speak to him.

Quiero escribirle. I want to write to him, her.

Voy a traerlo. I'm going to bring it.

Voy a traérselo. I'm going to bring it to you, him, her.

dar, to give

Voy a dárselo. I'm going to give it to you, him, her.

¿Quiere dármelo? Do you want to give it to me?

Quiero dárselo. I want to give it to you, him, her.

Quiero verlo mañana. *I want to see it tomorrow.*

Quiero hacerlo mañana. *I want to do it tomorrow.*

Se lo dije. *I told him (it to him).*

Me lo dijo. *He told me (it to me).*

195

¿dónde trabajaba? where did he (use to) work?
trabajaba, I, you, he, she used to work
¿qué compraba? what did he (use to) buy?
compraba, I, you, he, she used to buy
máquinas, machines
tractores, tractors

¿Dónde trabajaba?
Trabajaba en el hotel.

¿Dónde trabajaba?
Trabajaba en el banco.

¿Qué compraba?
Compraba máquinas.

¿Qué compraba?
Compraba tractores.

compraba, I, you, he, she used to buy
comprábamos, we used to buy
compraban, they used to buy

¿qué vendía? what did he (use to) sell?
vendía, I, you, he, she used to sell
tenía, I, you, he, she used to have
un auto lindo, a lovely car
en el campo, in the country

¿Qué vendía?
Vendía sombreros.

¿Qué vendía María?
María vendía blusas.

Tenía una casa en el
campo.

Tenía un auto lindo.

Use **tenía** to express possession in the past.

Tenía un caballo. *I had a horse.*
Tenía un perro. *I had a dog.*
Tenía un auto azul. *I had a blue car.*

> **tenía,** I, you, he, she, it had
> **teníamos,** we had
> **tenían,** they had

To give a command in Spanish: End ar verbs in the letter e. End er and ir verbs in the letter a.

hablar, to speak	**hable despacio,** speak slowly
mirar, to look	**mire,** look
contestar, to answer	**conteste el teléfono,** answer the phone
tomar, to take	**tome esto,** take this

vender, to sell	**venda la casa,** sell the house
aprender, to learn	**aprenda la lección,** learn the lesson

escribir, to write	**escriba,** write

Pronouns are added on to the command to form one word.

escribir, to write	**escríbame,** write to me

Several irregular verbs end in ga in the command.

oír, to hear, to listen	**oiga,** listen
traer, to bring	**tráigamelo,** bring it to me
venir, to come	**venga acá,** come here
hacer, to do	**hágalo,** do it
decir, to say, to tell	**dígame,** tell me

The present subjunctive has exactly the same endings as the command form on the previous page.

The subjunctive is exactly like the command form except for the fact that it must have certain definite expressions before it. Two of the most used expressions that must be followed by the subjunctive are: **Espero que,** I hope (that) **Quiero que,** I want (that).

> Quiero que venda la casa.
> *I want you to sell the house.*
>
> Espero que aprenda la lección.
> *I hope that you will learn the lesson.*
>
> Espero que venga a la fiesta.
> *I hope that you will come to the party.*

Pronouns go before the subjunctive.

Espero que lo conteste. *I hope that you will answer it.*

Quiero que lo traiga. *I want you to bring it.*

Espero que me escriba. *I hope that you will write to me.*

Quiero que lo haga. *I want you (him, her) to do it.*

APPENDIX

I. IN THE RESTAURANT

el restaurante, the restaurant
el mozo, the waiter, the youth
el mesero, the waiter
la mesera, the waitress
el camarero, the waiter
la camarera, the waitress
la comida, the meal, the dinner
el desayuno, breakfast
el almuerzo, lunch
la cena, supper, dinner
la mantequilla, butter
la sal, salt
la pimienta, pepper
el pan, the bread
pan tostado, toast
bolillos, rolls (Mexico)
el café, coffee

café con leche, coffee with milk
la mermelada, marmalade
el mantel, the tablecloth
la servilleta, the napkin
el aceite, oil
el vinagre, vinegar
agua, water
huevos, eggs
huevos fritos, fried eggs
huevos revueltos, scrambled eggs
huevos pasados por agua, soft boiled eggs
una tortilla de huevos, an omelet
huevos duros, hard boiled eggs.
jugo de toronja, grapefruit juice

jugo de naranja, orange juice
jugo de tomate, tomato juice
jugo de piña, pineapple juice
tocino, bacon
jamón, ham
miel, honey
sopa, soup
camarones, shrimps
un coctel de camarones, a shrimp cocktail
un sandwich, a sandwich
una ensalada, a salad
la carne, the meat
el pescado, fish
un bistec, a beefsteak
un filete, a beefsteak, a filet

pollo, chicken
arroz con pollo, rice with chicken
salsa, sauce, gravy
picante, peppery
mayonesa, mayonnaise
rosbif, roastbeef
carne de ternera, veal
pollo al horno, roast chicken
pollo a la parrilla, grilled chicken
pato al horno, roast duck
chuletas, chops
una chuleta de carnero, a lamb chop, a mutton chop
una chuleta de puerco, a pork chop
una coteleta, a cutlet
espinacas, spinach
zanahorias, carrots
lechuga, lettuce
tomate, tomato
aceitunas, olives
rábanos, radishes
frijoles, beans
papas, potatoes
papas fritas, fried potatoes
puré de papas, mashed potatoes
patatas, potatoes (Spain)
espárragos, asparagus
alcachofas, artichokes
coliflor, cauliflower
cebollas, onions

ajo, garlic
apio, celery
postre, dessert
torta, pie, cake
helado, ice cream
helado de vainilla, vanilla ice cream
helado de chocolate, chocolate ice cream
fruta, fruit
un coctel de fruta, a fruit cocktail

una manzana, an apple
una pera, a pear
un plátano, a banana
un banano, una banana, a banana
una naranja, an orange
un melocotón, a peach
fresas, strawberries
cerezas, cherries
piña, pineapple
melón, cantaloupe
limón, lemon, lime
sandía, watermelon
limonada, lemonade
naranjada, orangeade
un vaso de leche, a glass of milk

una taza de café, a cup of coffee

un vaso de agua, a glass of water
azúcar, sugar

crema, cream
galletas, crackers
una cuchara, a spoon
una cucharita, a teaspoon
un plato, a plate, a dish, a course
un platito, a saucer
la cuenta, por favor, the check, please
la propina, the tip

el portero, the doorman
la llave, the key
un cuarto con baño, a room with bath
un cuarto exterior, an outside room
un cuarto interior, an inside room
el correo, the mail, the post office
el recado, the message
el equipaje, the luggage
la valija, the suitcase
la maleta, the suitcase
la petaca, the suitcase
el baúl, the trunk
el portafolio, the briefcase
la cámara, the camera
películas, films
una cama matrimonial, a double bed
el comedor, the dining room
jabón, soap
una toalla, a towel
el elevador, the elevator
el ascensor, the elevator (Spain)
el muchacho, the boy, the bell boy
¿Hay cartas para mí? Are there any letters for me?

III. IN THE STORES AND SHOPS

la tienda, the store
la panadería, the bakery shop
el mercado, the market
la botica, the drugstore
la farmacia, the drugstore
la sastrería, the tailor shop
la zapatería, the shoe shop
la peluquería, the barber shop
el peluquero, the barber
el salón de belleza, the beauty shop

la peinadora, the hair dresser (woman)
la librería, the bookstore
la tintorería, the cleaner
la lavandería, the laundry
la carnicería, the butcher shop
la joyería, the jewelry store

IV. THE NUMBERS

0	cero	32	treinta y dos, etc.
1	uno	40	cuarenta
2	dos	41	cuarenta y uno
3	tres	42	cuarenta y dos,
4	cuatro		etc.
5	cinco	50	cincuenta
6	seis	51	cincuenta y uno,
7	siete		etc.
8	ocho	60	sesenta
9	nueve	61	sesenta y uno,
10	diez		etc.
11	once	70	setenta
12	doce	71	setenta y uno,
13	trece		etc.
14	catorce	80	ochenta
15	quince	81	ochenta y uno,
16	diez y seis		etc.
17	diez y siete	90	noventa
18	diez y ocho	91	noventa y uno,
19	diez y nueve		etc.
20	veinte	100	cien
21	veintiuno	101	ciento uno, etc.
22	veintidós	200	doscientos
23	veintitrés	300	trescientos
24	veinticuatro	400	cuatrocientos
25	veinticinco	500	quinientos
26	veintiséis	600	seiscientos
27	veintisiete	700	setecientos
28	veintiocho	800	ochocientos
29	veintinueve	900	novecientos
30	treinta	1000	mil
31	treinta y uno		

V. THE DAYS OF THE WEEK

el domingo, Sunday, on Sunday
el lunes, Monday, on Monday
el martes, Tuesday, on Tuesday
el miércoles, Wednesday, on Wednesday
el jueves, Thursday, on Thursday
el viernes, Friday, on Friday
el sábado, Saturday, on Saturday

VI. THE MONTHS OF THE YEAR

enero, January
febrero, February
marzo, March
abril, April
mayo, May
junio, June

julio, July
agosto, August
septiembre, September
octubre, October
noviembre, November
diciembre, December

la primavera, spring

el verano, summer

el otoño, fall

el invierno, winter

mi **padre,** my father

mi **hermano,** my brother

mi **abuelo,** my grandfather

mi **primo,** my cousin (man)

mi **suegro,** my father-in-law

mi **tío,** my uncle

mi **cuñado,** my brother-in-law

mi **nieto,** my grandson

mi **sobrino,** my nephew

mi **hijo,** my son

mis **padres,** my parents

mi **esposo,** my husband

mi **madre,** my mother

mi **hermana,** my sister

mi **abuela,** my grandmother

mi **prima,** my cousin (woman)

mi **suegra,** my mother-in-law

mi **tía,** my aunt

mi **cuñada,** my sister-in-law

mi **nieta,** my granddaughter

mi **sobrina,** my niece

mi **hija,** my daughter

mis **parientes,** my relatives

mi **esposa,** my wife

blanco, white
negro, black
rojo, red
colorado, red
color café, brown
pardo, brown
azul, blue
verde, green
gris, grey
amarillo, yellow
morado, purple
rosado, pink

la cabeza, the head
la cara, the face
la nariz, the nose
las orejas, the ears
la boca, the mouth
la barba, the chin, the beard
las mejillas, the cheeks
la frente, the forehead
las pestañas, the eyelashes
las cejas, the eyebrows
los párpados, the eyelids
los dientes, the teeth
la lengua, the tongue
el pelo, the hair
el bigote, the moustache
el cuello, the neck
la garganta, the throat

los hombros, the shoulders
los brazos, the arms
los codos, the elbows
las muñecas, the wrists
las manos, the hands
los dedos, the fingers
las uñas, the fingernails
la espalda, the back
el estómago, the stomach
el pecho, the chest
la cintura, the waist
las caderas, the hips
las piernas, the legs
las rodillas, the knees
los tobillos, the ankles
los pies, the feet
los dedos de los pies, the toes

VERB
CONJUGATIONS

REGULAR VERBS ENDING IN "AR"

Example: CANTAR, to sing

PRESENT	EXAMPLE
Remove AR and add:	Canto, I sing
O AMOS	Canta, you sing, he sings
	she sings, it sings
A AN	Cantamos, we sing
	Cantan, they sing

PAST

Remove AR and add:

É	AMOS
Ó	ARON

EXAMPLE

Canté, I sang
Cantó, you sang, he sang
she sang, it sang
Cantamos, we sang
Cantaron, they sang

IMPERFECT

Remove AR and add:

ABA	ÁBAMOS
ABA	ABAN

EXAMPLE

Cantaba, I used to sing
Cantaba, you used to sing
he, she, it used
to sing
Cantábamos, we used to sing
Cantaban, they used to sing

PRESENT PERFECT

HE–ADO	HEMOS–ADO
HA–ADO	HAN–ADO

EXAMPLE

He cantado, I have sung
Ha cantado, you have sung
he, she, it has
sung
Hemos cantado, we have sung
Han cantado, they have sung

PAST PERFECT

HABÍA–ADO	HABÍAMOS–ADO
HABÍA–ADO	HABÍAN–ADO

EXAMPLE

Había cantado, I had sung
Había cantado, you had sung
    he, she, it had
    sung
Habíamos cantado, we had
    sung
Habían cantado, they had sung

PRESENT PROGRESSIVE

ESTOY–ANDO	ESTAMOS–ANDO
ESTÁ–ANDO	ESTÁN–ANDO

EXAMPLE

Estoy cantando, I am singing
Está cantando, you are singing
    he, she, it is
    singing
Estamos cantando, we are
    singing
Están cantando, they are
    singing

PAST PROGRESSIVE

ESTABA–ANDO	ESTÁBAMOS–ANDO
ESTABA–ANDO	ESTABAN–ANDO

EXAMPLE

Estaba cantando, I was singing
Estaba cantando, you were
    singing
    he, she, it
    was singing
Estábamos cantando, we were
    singing
Estaban cantando, they were
    singing

FUTURE

Add the following endings to the complete infinitive:

É	EMOS
Á	ÁN

EXAMPLE

Cantaré, I'll sing
Cantará, you'll sing
        he, she, it will sing
Cantaremos, we'll sing
Cantarán, they'll sing

CONDITIONAL

Add the following endings to the complete infinitive:

ÍA	ÍAMOS
ÍA	ÍAN

EXAMPLE

Cantaría, I would sing
Cantaría, you would sing
        he, she, it would sing
Cantaríamos, we would sing
Cantarían, they would sing

PRESENT SUBJUNCTIVE

Remove AR and add:

E	EMOS
E	EN

EXAMPLE

Que cante, that I sing
Que cante, that you sing
        that he, she, it sing
Que cantemos, that we sing
Que canten, that they sing

PAST SUBJUNCTIVE

Remove AR and add:

ARA	ÁRAMOS
ARA	ARAN

EXAMPLE

Que cantara, that I would sing
Que cantara, that you would
             sing
             that he, she, it
             would sing
Que cantáramos, that we
             would sing
Que cantaran, that they would
             sing

COMMAND

Remove AR and add:

	EMOS
E	EN

EXAMPLE

Cante, sing
Cantemos, let's sing
Canten, sing (pl.)

LIST OF REGULAR VERBS ENDING IN "AR"

alquilar, to rent
arreglar, to arrange
ayudar, to help
bailar, to dance
bajar, to go down
besar, to kiss
cambiar, to change
caminar, to walk
cantar, to sing
cocinar, to cook
comprar, to buy
contestar, to answer
cortar, to cut
cuidar, to take care of
dejar, to leave
demandar, to sue
descansar, to rest
dictar, to dictate
enseñar, to teach
esperar, to wait
estudiar, to study
firmar, to sign
ganar, to earn
gritar, to scream
hablar, to speak
importar, to import
invitar, to invite

lavar, to wash
limpiar, to clean
llamar, to call
llevar, to carry
llorar, to cry
mandar, to send
manejar, to drive
mejorar, to improve
mirar, to look
nadar, to swim
olvidar, to forget
parar, to stop
pasar, to pass
pintar, to paint
planchar, to iron
preguntar, to ask
preparar, to prepare
presentar, to introduce
quemar, to burn
regresar, to return
saltar, to jump
saludar, to greet
terminar, to finish
tomar, to take
trabajar, to work
viajar, to travel
visitar, to visit

REGULAR VERBS ENDING IN "ER"

Example: CORRER, to run

PRESENT	EXAMPLE
Remove ER and add:	**Corro**, I run
	Corre, you run, he runs
O | EMOS	she runs, it runs
E | EN	**Corremos**, we run
	Corren, they run

PAST	EXAMPLE
Remove ER and add:	**Corrí**, I ran
Í | IMOS	**Corrió**, you ran, he ran
	she ran, it ran
IÓ | IERON	**Corrimos**, we ran
	Corrieron, they ran

IMPERFECT	EXAMPLE
Remove ER and add:	**Corría**, I used to run
ÍA | ÍAMOS	**Corría**, you used to run
	he, she, it used to run
ÍA | ÍAN	**Corríamos**, we used to run
	Corrían, they used to run

PRESENT PERFECT

HE–IDO	HEMOS–IDO
HA–IDO	HAN–IDO

EXAMPLE

He corrido, I have run
Ha corrido, you have run
      he, she, it has run
Hemos corrido, we have run
Han corrido, they have run

PAST PERFECT

HABÍA–IDO	HABÍAMOS–IDO
HABÍA–IDO	HABÍAN–IDO

EXAMPLE

Había corrido, I had run
Había corrido, you had run,
      he, she, it had
      run
Habíamos corrido, we had run
Habían corrido, they had run

PRESENT PROGRESSIVE

ESTOY–IENDO	ESTAMOS–IENDO
ESTÁ–IENDO	ESTÁN–IENDO

EXAMPLE

Estoy corriendo, I am running
Está corriendo, you are
      running
      he, she, it is
      running
Estamos corriendo, we are
      running
Están corriendo, they are
      running

PAST PROGRESSIVE

ESTABA— IENDO	ESTÁBAMOS— IENDO
ESTABA— IENDO	ESTABAN— IENDO

EXAMPLE

Estaba corriendo, I was
running
Estaba corriendo, you were
running
he, she, it
was running
Estábamos corriendo, we were
running
Estaban corriendo, they were
running

FUTURE

Add the following endings
to the complete infinitive:

É	EMOS
Á	ÁN

EXAMPLE

Correré, I'll run
Correrá, you'll run
he, she, it will run
Correremos, we'll run
Correrán, they'll run

CONDITIONAL

Add the following endings
to the complete infinitive:

ÍA	ÍAMOS
ÍA	ÍAN

EXAMPLE

Correría, I would run
Correría, you would run
he, she, it would run
Correríamos, we would run
Correrían, they would run

225

PRESENT SUBJUNCTIVE

Remove ER and add:

A	AMOS
A	AN

EXAMPLE

Que corra, that I run
Que corra, that you run
        that he, she, it run
Que corramos, that we run
Que corran, that they run

PAST SUBJUNCTIVE

Remove ER and add:

IERA	IÉRAMOS
IERA	IERAN

EXAMPLE

Que corriera, that I would run
Que corriera, that you would
        run
        that he, she, it
        would run
Que corriéramos, that we
        would run
Que corrieran, that they
        would run

COMMAND

Remove ER and add:

	AMOS
A	AN

EXAMPLE

Corra, run
Corramos, let's run
Corran, run (pl.)

LIST OF REGULAR VERBS ENDING IN "ER"

aprender, to learn

barrer, to sweep

beber, to drink

comer, to eat

comprender, to understand

correr, to run

coser, to sew

deber, to have to

esconder, to hide

meter, to put in

ofender, to offend

prometer, to promise

sorprender, to surprise

vender, to sell

REGULAR VERBS ENDING IN "IR"

Notice that the endings of these verbs are identical to the ER verbs in all tenses except in the present tense.

Example: VIVIR, to live

PRESENT

Remove IR and add:

O	IMOS
E	EN

EXAMPLE

Vivo, I live
Vive, you live, he lives
     she lives, it lives
Vivimos, we live
Viven, they live

PAST

Remove IR and add:

Í	IMOS
IÓ	IERON

EXAMPLE

Viví, I lived
Vivió, you lived, he lived
     she lived, it lived
Vivimos, we lived
Vivieron, they lived

IMPERFECT

Remove IR and add:

ÍA	ÍAMOS
ÍA	ÍAN

EXAMPLE

Vivía, I used to live
Vivía, you used to live
     he, she, it used to live
Vivíamos, we used to live
Vivían, they used to live

PRESENT PERFECT

HE–IDO	HEMOS–IDO
HA–IDO	HAN–IDO

EXAMPLE

He vivido, I have lived
Ha vivido, you have lived
          he, she, it has lived
Hemos vivido, we have lived
Han vivido, they have lived

PAST PERFECT

HABÍA–IDO	HABÍAMOS–IDO
HABÍA–IDO	HABÍAN–IDO

EXAMPLE

Había vivido, I had lived
Había vivido, you had lived
          he, she, it had
          lived
Habíamos vivido, we had lived
Habían vivido, they had lived

PRESENT PROGRESSIVE

ESTOY–IENDO	ESTAMOS–IENDO
ESTA–IENDO	ESTÁN–IENDO

EXAMPLE

Estoy viviendo, I am living
Está viviendo, you are living
          he, she, it is
          living
Estamos viviendo, we are
          living
Están viviendo, they are living

PAST PROGRESSIVE

ESTABA— IENDO	ESTÁBAMOS— IENDO
ESTABA— IENDO	ESTABAN— IENDO

EXAMPLE

Estaba viviendo, I was living
Estaba viviendo, you were living
    he, she, it was living
Estábamos viviendo, we were living
Estaban viviendo, they were living

FUTURE

Add the following endings to the complete infinitive:

É	EMOS
Á	ÁN

EXAMPLE

Viviré, I'll live
Vivirá, you'll live
    he, she, it will live
Viviremos, we'll live
Vivirán, they'll live

CONDITIONAL

Add the following endings to the complete infinitive:

ÍA	ÍAMOS
ÍA	ÍAN

EXAMPLE

Viviría, I would live
Viviría, you would live
    he, she, it would live
Viviríamos, we would live
Vivirían, they would live

PRESENT SUBJUNCTIVE

Remove IR and add:

A	AMOS
A	AN

EXAMPLE

Que viva, that I live
Que viva, that you live
           that he, she, it live
Que vivamos, that we live
Que vivan, that they live

PAST SUBJUNCTIVE

Remove IR and add:

IERA	IÉRAMOS
IERA	IERAN

EXAMPLE

Que viviera, that I would live
Que viviera, that you would live
         that he, she, it
         would live
Que viviéramos, that we
         would live
Que vivieran, that they would
         live

COMMAND

Remove IR and add:

	AMOS
A	AN

EXAMPLE

Viva, live
Vivamos, let's live
Vivan, live (pl.)

231

LIST OF REGULAR VERBS ENDING IN "IR"

aplaudir, to applaud

asistir, to attend

decidir, to decide

discutir, to discuss

dividir, to divide

evadir, to evade

existir, to exist

insistir, to insist

interrumpir, to interrupt

invadir, to invade

ocurrir, to happen

permitir, to permit

persuadir, to persuade

recibir, to receive

resistir, to resist

subir, to go up

sufrir, to suffer

vivir, to live

Spanish-English Vocabulary

A

a, to
abril, m. April
absolutamente, absolutely
abuela, f. grandmother
abuelo, m. grandfather
aburrida, f. bored
aburrido, m. bored
acá, here
accidente, m. accident
aceite, m. oil
aceituna, f. olive
acordeón, m. accordion
actor, m. actor
agencia, f. agency
agosto, m. August
agua, m. water
ajo, m. garlic

al, to the
alcachofas, f. artichokes
almuerzo, m. lunch
alquilar, to rent
alto, m. tall
amarillo, m. yellow
americana, f. American
americano, m. American
ancho, m. wide
animal, m. animal
anoche, last night
antiguo, m. ancient
año, m. year
apio, m. celery
aplaudir, to applaud
aprender, to learn
aprisa, fast
arquitecto, m. architect
arroz, m. rice

artículo, m. article
ascensor, m. elevator (Spain)
auto, m. auto, car
autobús, m. bus
avenida, f. avenue
avión, m. airplane
ay, oh
ayer, yesterday
ayudar, to help
azúcar, m. sugar
azul, m. & f. blue

B

bailar, to dance
baile, m. dance
ballet, m. ballet
banano, m. banana
banco, m. bank
baño, m. bath, bathroom
barba, f. chin
barco, m. ship
bata, f. bathrobe

baúl, m. trunk
belleza, f. beauty
bicicleta, f. bicycle
bien, well
bigote, m. moustache
billete, m. ticket (Spain)
billetera, f. billfold
bistec, m. beefsteak
blanco, m. white
blusa, f. blouse
boca, f. mouth
boleto, m. ticket
bolillos, m. rolls (Mexico)
bonita, f. pretty
bonito, m. pretty
botella, f. bottle
botica, f. drugstore
botón, m. button
brazo, m. arm
brillar, to shine
buenas, f. pl. good
buenas tardes, good afternoon
buenas noches, good night,
             good evening
bueno, m. good

buenos, m. pl. good
buenos días, good morning
bufanda, f. scarf

C

caballo, m. horse
cabeza, f. head
cable, m. cable
cadera, f. hip
caer, to fall
café, m. coffee, café
cafetera, f. coffee pot
caja, f. box
calcetín, m. sock
calle, f. street
calor, m. heat
   hace calor, it's warm
cama, f. bed
cámara, f. camera
camarones, m. shrimps
cambiar, to change
caminar, to walk
camisa, f. shirt
campo, m. country

canal, m. canal
canario, m. canary
cansada, f. tired
cansado, m. tired
cantar, to sing
capital, m. capital (money)
capital, f. capital (city)
cara, f. face
caramba, gee whiz
carne, f. meat
carnicería, f. butcher shop
carta, f. letter
casa, f. house
catarro, m. (a) cold
catorce, fourteen
cebolla, f. onion
cejas, f. eyebrows
cena, f. supper, dinner
central, m. & f. central
centro, m. downtown
cereal, m. cereal
cerezas, f. cherries
cero, m. zero
cien, one hundred
cinco, five

cincuenta, fifty

cine, m. movies

cintura, f. waist

circo, m. circus

cita, f. appointment

ciudad, f. city

claro, m. clear, of course

clase, f. class

clavel, m. carnation

club, m. club

cocina, f. kitchen, cooking

coctel, m. cocktail

codo, m. elbow

coliflor, f. cauliflower

colonial, m. & f. colonial

color, m. color

colorado, m. red

comedia, f. play

comedor, m. dining room

comida, f. meal, dinner, food

¿cómo?, how?

como, as, like, I eat

cómodo, m. comfortable

compramos, we bought, we buy

comprar, to buy

compraron, they bought

compré, I bought

comprender, to understand

compró, you, he, she bought

¿compró?, did you, he, she buy?

composición, f. composition

con, with

concierto, m. concert

conductor, m. conductor

conmigo, with me

conocer, to know

contenta, f. happy

contento, m. happy

contestar, to answer

conversación, f. conversation

corbata, f. necktie

correo, m. post office

correr, to run

cortina, f. curtain

cosa, f. thing

coteleta, f. cutlet

crema, f. cream

creo, I believe, I think

¿cuántos?, m. how many?

cuarenta, forty

cuatro, four
cuatrocientos, four hundred
cuchara, f. spoon
cuchillo, m. knife
cuello, m. neck, collar
cuenta, f. restaurant check, bill
culebra, f. snake
cumpleaños, m. birthday
cuñada, f. sister-in-law
cuñado, m. brother-in-law

CH

chiquita, f. little
chiquito, m. little
chistoso, m. funny
chocolate, m. chocolate
chocolates, m. & pl. chocolates
chuleta, f. chop

D

dar, to give
de, of, from, about
debe, you should, ought, must
debo, I should, ought, must
decidir, to decide
decir, to say, to tell
dedo, m. finger
dejar, to leave
del, m. of the, from the, about the
deliciosa, f. delicious
delicioso, m. delicious
dentista, m. & f. dentist
depende, it depends
depender, to depend
desayuno, m. breakfast
describir, to describe
despacio, slowly
despacho, m. office
dientes, m. teeth
diez, ten
dígame, tell me
dije, I said
dinero, m. money
director, m. director
disco, m. record
dividir, to divide
doce, twelve

doctor, m. doctor
dolor, m. pain
domingo, m. Sunday
¿dónde?, where?
dormir, to sleep
dos, two
doscientos, two hundred

E

edificio, m. building
el, m. the
elefante, m. elephant
elevador, m. elevator
en, in, on, at
  en casa, at home
enamorada, f. in love
enamorado, m. in love
encanta,
  me encanta, I love it
enero, m. January
enferma, f. sick, sick person
enfermo, m. sick, sick person
enojada, f. angry
enojado, m. angry

ensalada, f. salad
entrar, to enter, go in, come in
equipaje, m. luggage
era, you were, he, she, it was
error, m. error
es, is, you are, he is, she is
  it is, are you? is he?
  is she? is it?
escribí, I wrote
escribir, to write
escuela, f. school
eso, m. that
espalda, f. back
español, m. Spanish
espárragos, m. asparagus
esperar, to hope, wait, expect
espero, I hope
espinacas, f. spinach
esposa, f. wife
esposo, m. husband
esta, f. this
  esta noche, tonight
está, is, you are, he, she, it is,
  are you? is he? is she?
  is it?

estación, f. station

estacionar, to park

estar, to be

estatua, f. statue

estómago, m. stomach

estrella, f. star

estudiante, m. student

estudiar, to study

estudié, I studied

estudió, you studied, did you
    study?

estufa, f. stove

estuve, I was

excelente, m. & f. excellent

existir, to exist

exportar, to export

exterior, m. & f. exterior

F

fortuna, f. fortune
    por fortuna, fortunately

fósforo, m. match

frase, f. sentence

frente, f. forehead

fresas, f. strawberries

fresco, m. fresh, cool

frijoles, m. beans

frío, m. cold
    hace frío, it's cold

frito, m. fried

fruta, f. fruit

fué, he, she, it went
    did you go?

fuente, f. fountain

fuí, I went

fumar, to smoke

furiosa, f. furious

furioso, m. furious

G

galletas, f. crackers

ganar, to earn

garage, m. garage

garganta, f. throat

gasolina, f. gasoline

gato, m. cat

geranio, m. geranium

golf, m. golf
gorila, m. gorilla
gracias, thank you
grande, big
gris, m. & f. grey
guantes, m. gloves
guitarra, f. guitar
gusta,
  me gusta, I like
  ¿le gusta? do you like?
gustaría, ·
  me gustaría, I would like
  ¿le gustaría? would you like?
gusto, m. pleasure

H

hablar, to speak
hacer, to do, to make
hambre, f. hunger
  tengo hambre, I'm hungry
hay, there is, there are,
  is there? are there?
helado, m. ice cream
helicóptero, m. helicopter

hermana, f. sister
hermano, m. brother
hija, f. daughter
hijo, m. son
hizo, you did, did you do?
  you made, did you make?
hombro, m. shoulder
hora, f. hour
horno, m. oven
  al horno, baked
hospital, m. hospital
hotel, m. hotel
hoy, today
huevo, m. egg
humor, m. humor

I

iglesia, f. church
importa, matters
  no importa, it doesn't matter
importante, m. & f. important
importar, to import
imposible, m. & f. impossible
inglés, m. English

inmenso, m. immense
insistir, to insist
inteligente, m. & f. intelligent
interesante, m. & f. interesting
invierno, m. winter
invitación, f. invitation
invitar, to invite
ir, to go
italiana, f. Italian
italiano, m. Italian

J

ja, ja, ja, ha, ha, ha!
jabón, m. soap
jardín, m. garden
jarra, f. pitcher
joya, f. jewel
joyería, f. jewelry store
jueves, m. Thursday
jugo, m. juice
jugué, I played
julio, m. July
junio, m. June

L

la, f. it, her, you, the
lámpara, f. lamp
lancha, f. boat
lápiz, m. pencil
las, f. the, them
lavamanos, m. washbasin
lavandería, f. laundry
lavar, to wash
le, to you, to him, to her
lección, f. lesson
leche, f. milk
lechuga, f. lettuce
leer, to read
leí, I read (past)
lengua, f. tongue
león, m. lion
libro, m. book
limón, m. lemon
limonada, f. lemonade
limpia, f. clean
limpio, m. clean
linda, f. lovely
lindo, m. lovely

lista, f. menu
lista, f. ready
listo, m. ready
lo, m. it, him, you, the
local, m. & f. local
los, m. the, them (pl.)
lunes, m. Monday

LL

llamar, to call
llave, f. key
llevar, to carry, to take
llueve, it rains

M

madre, f. mother
mal, ill, badly
maleta, f. suitcase
malo, m. bad
mamá, f. mother
mandar, to send
mano, f. hand
mantel, m. table cloth

mantequilla, f. butter
manzana, f. apple
mañana, f. morning, tomorrow
máquina, machine, typewriter
mar, m. sea
maravilloso, m. marvelous
mariposa, f. butterfly
martes, m. Tuesday
marzo, m. March
mayo, m. May
mayonesa, f. mayonnaise
me, me
media, f. stocking
medicina, f. medicine
mejilla, f. cheek
mejor, better
melocotón, m. peach
melón, m. cantaloupe
menú, m. menu
mercado, m. the market
mermelada, f. marmalade
mes, m. month
mesa, f. table
mesera, f. waitress
mesero, m. waiter

metal, m. metal
mexicana, f. Mexican
mexicano, m. Mexican
México, Mexico
mí, me
mi, my
miel, f. honey
miércoles, m. Wednesday
mil, a thousand
minuto, m. minute
mirar, to look at
moderno, m. modern
mono, m. monkey
montaña, f. mountain
morado, m. purple
mozo, m. waiter
muchacha, f. girl
muchacho, m. boy
muchas, f. many
muchísimo, m. very much
mucho, m. much
muchos, m. many
mula, f. mule
mundo, m. world
muñeca, f. wrist, doll

museo, museum
música, f. music
muy, very

N

nada, nothing
  de nada, you're welcome
nadar, to swim
nadé, I swam
¿nadó?, did you swim?
naranja, f. orange
naranjada, f. orangeade
nariz, f. nose
natural, m. & f. natural
Navidad, f. Christmas
necesitar, to need
necesito, I need
negro, m. black
nieta, f. granddaughter
nieto, m. grandson
nieve, f. snow
niña, f. girl
niño, m. boy

no, no, not
noche, f. night
   esta noche, tonight
novecientos, nine hundred
novela, f. novel
noventa, ninety
nueve, nine
nuevo, m. new
nunca, never

O

ocupada, f. busy
ocupado, m. busy
ocurrir, to happen
ochenta, eighty
ocho, eight
ochocientos, eight hundred
ofender, to offend
oí, I heard
oír, to hear
olla, f. pot, pan
once, eleven

ópera, f. opera
oreja, f. ear
otoño, m. autumn

P

paciente, m. & f. patient
padre, m. father
padres, parents
pagar, to pay
pagó, did you pay?
pagué, I paid
país, m. country, nation
pan, m. bread
panadería, f. bakery
papá, m. father
paquete, m. package
para, for, in order to
paraguas, m. umbrella
pardo, m. brown
parientes, m. relatives
París, Paris
párpados, m. eyelids
parque, m. park
parrilla, f. grill

pasada, f. past
  la semana pasada, last week
pasaporte, m. the passport
patatas, f. potatoes (Spain)
patinar, to skate
pato, m. duck
pavo, m. turkey
payaso, m. clown
pecho, m. chest
peinador, m. hairdresser
pelo, m. hair
peluquería, f. barber shop
peluquero, m. barber
peor, worse
pera, f. pear
perdón, pardon, excuse me
perfume, m. perfume
periódico, m. newspaper
permiso, m. permission
  con permiso, excuse me
permitir, to permit
perro, m. dog
personal, m. & f. personal
persuadir, to persuade
pescado, m. fish

pescar, to fish
pestañas, f. eyelashes
petaca, f. suitcase
picante, m. & f. peppery
pie, m. foot
pierna, f. leg
pimienta, f. pepper
pintura, f. painting
piña, f. pineapple
pipa, f. pipe
piscina, f. swimming pool
planchar, to iron
plátano, m. banana
plato, m. plate
playa, f. beach
pluma, f. pen
plural, m. plural
poder, to be able
poema, m. poem
pollo, m. chicken
poner, to put
por, by, for
  por favor, please
portafolio, m. briefcase
portero, m. doorman

posible, m. & f. possible

postal,

    tarjeta postal, f. post card

postre, m. dessert

preguntar, to ask

preparar, to prepare

prima, f. cousin

primavera, f. spring

primo, m. cousin

proceder, to proceed

programa, m. program

propina, f. tip

puede, you can, can you?

puedo, I can, I may

puerco, m. pork

puré,

    puré de papas,

      m. mashed potatoes

puse, I put (past)

Q

que, that, than

¿qué?, what?

queremos, we want

querer, to want, to love

queso, m. cheese

¿quiere?, do you want?

quiero, I want

quince, fifteen

quinientos, five hundred

R

rábano, m. radish

rábanos, pl. radishes

radio, m. & f. radio

rancho, m. ranch

ratón, m. mouse

razón, f. reason

recado, m. message

recibí, I received

recibir, to receive

reflector, m. reflector

refrigerador, m. refrigerator

regalo, m. present

regresar, to return

restaurante, m. restaurant

revista, f. magazine

ridícula, f. ridiculous
ridículo, m. ridiculous
rodilla, f. knee
roja, f. red
rojo, m. red
romántico, m. romantic
rosa, f. rose
rosado, m. pink
rosbif, m. roastbeef
rural, m. & f. rural

S

sábado, m. Saturday
sal, f. salt
sala, f. living room
salir, to go out, leave
salmón, m. salmon
salsa, f. sauce
saludar, to greet
sandía, f. watermelon
sandwich, m. sandwich
sardina, f. sardine
sastrería, f. tailor shop

sed, f. thirst
seguro, sure
seis, six
seiscientos, six hundred
semana, f. week
señor, m. sir, mister
señorita, f. miss, young lady
señora, f. Mrs., madam
septiembre, m. September
ser, to be
servilleta, f. napkin
sesenta, sixty
setecientos, seven hundred
setenta, seventy
sí, yes
siete, seven
siempre, always
siento, I feel
  lo siento, I'm sorry
silla, f. chair
sillón, m. armchair
sin, without
sobrina, f. niece
sobrino, m. nephew
sofá, m. sofa

sol, m. sun

sola, f. alone

solo, m. alone

sombrero, m. hat

somos, we are, are we?

son, are

son, you (pl.) are, are you?
   they are, are they?

sopa, f. soup

soy, I am

su, your

subir, to go up

sucia, f. dirty

sucio, m. dirty

suegra, f. mother-in-law

suegro, m. father-in-law

suéter, m. sweater

sufrir, to suffer

supuesto, supposed
   por supuesto, of course

T

tal,
   tal vez, maybe

tarde, late

tarjeta, f. card

taxi, m. taxi

taza, f. cup

té, m. tea

te, thee, you
   te quiero, I love you

teatro, m. theater

teléfono, m. telephone

telegrama, m. telegram

televisión, f. television

tenemos, we have

tener, to have

tengo, I have

tenor, m. tenor

ternera, f. calf, veal

terrible, m. & f. terrible

tía, f. aunt

tiempo, time

tienda, f. store

¿tiene?, have you?

tigre, m. tiger

tina, f. bathtub

tintorería, f. cleaners

tío, m. uncle

toalla, f. towel

tobillo, m. ankle

tocar, to play

tocino, m. bacon

toda, f. all

todavía, yet, still

todo, m. all, everything

tomamos, we took

tomar, to take, to have (food)

tomaron, they took

tomate, m. tomato

tomé, I took, I had (food)

tomó, you, he, she, it took
    did you, he, she, it take?

torero, m. bullfighter

toro, m. bull

toronja, f. grapefruit

toros, m. pl. bulls, bullfight

torre, m. tower

torta, f. pie, cake

tortilla,
   tortilla de huevo, omelet

tostado,
   pan tostado, toast

trabajar, to work

trabajo, m. work

traer, to bring

traje, I brought

traje, m. suit

trajo, you brought, did you
   bring?

trece, thirteen

treinta, thirty

tres, three

trescientos, three hundred

triste, m. & f. sad

tulipán, m. tulip

turismo,
   agencia de turismo,
    tourist agency

turista, m. & f. tourist

U

un, m. one, a, an

una, f. one, a, an

universidad, f. university

usted, you (singular)

uña, f. fingernail

usar, to use

ustedes, you (plural)

V

va, you go, he, she, it goes, you are going, he, she, it is going

vaca, f. cow

vainilla, f. vanilla

valiente, m. & f. brave

valija, f. suitcase

valle, m. valley

vamos, we go, we are going, let's go

van, you (pl.) go, are going, they go, they are going

vaso, m. glass

veces,

  dos veces, twice, two times

  muchas veces, often, many times

  unas veces, sometimes

veinte, twenty

vender, to sell

vendí, I sold

venir, to come

ver, to see

verano, m. summer

verde, m. & f. green

verdura, f. vegetable

vestido, m. dress

vez,

  una vez, once, one time

  otra vez, again

  tal vez, maybe

  esta vez, this time

  esa, vez, that time

ví, I saw

viajar, to travel

viento, m. wind

  hace viento, it's windy

viernes, m. Friday

vigor, m. vigor

vinagre, m. vinegar

vine, I came

vino, you came, did you come?

violeta, f. violet

violín, m. violin

visitar, to visit

visitas, f. pl. company

votar, to vote

voy, I go, I am going

Y

y, and

ya, already, any more, now

Z

zanahoria, f. carrot

zapatería, f. shoe store

zapato, m. shoe

INDEX

MAKE LANGUAGE LEARNING EASIER
AND MORE INTERESTING WITH

SEE IT AND SAY IT RECORDS

Here is a set of two twelve-inch, long-playing, 33⅓ R.P.M. records to accompany the "See It And Say It" language book you are now studying. These high fidelity records of durable vinyl will help you to:

- Accustom your hearing to the sound of native conversation
- Increase your comprehension
- Perfect your pronunciation
- Obtain greater fluency in less time

LEARN A LANGUAGE AS IT SHOULD BE LEARNED! ORDER YOUR RECORD SET NOW!

ORDER FORM